LE JARDIN

DES

RACINES GRECQUES

A LA MÊME LIBRAIRIE :

Le Jardin des Racines Grecques, réunies par Claude Lancelot et mises en vers par Le Maistre de Saci. Nouvelle édition, augmentée : 1° d'un traité de la formation des mots grecs ; 2° d'un grand nombre de racines nouvelles et des principaux dérivés ; 3° d'un nouveau dictionnaire des mots français tirés du grec ; par M. Ad. Regnier, professeur honoraire de rhétorique au collége Charlemagne. 1 volume in-12. Prix, cartonné. 2 fr. 50 c.

Édition autorisée par le Conseil de l'instruction publique.

Paris.— Imprimerie P.-A. Bourdier et Cᵉ, 30, rue Mazarine.

LE JARDIN

DES

RACINES GRECQUES

RÉUNIES

PAR CLAUDE LANCELOT

ET MISES EN VERS

PAR LOUIS ISAAC LE MAISTRE DE SACI

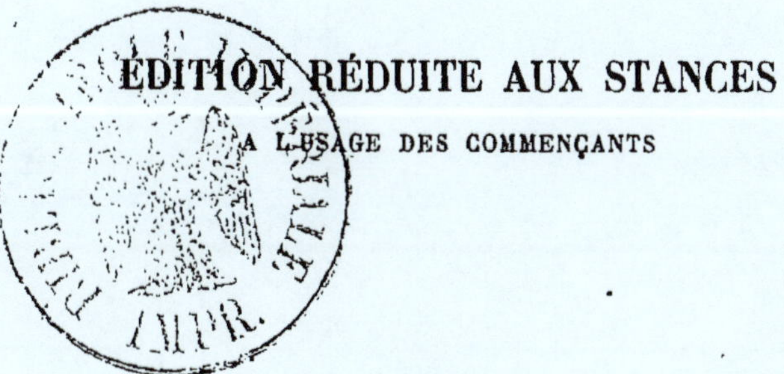

ÉDITION RÉDUITE AUX STANCES

A L'USAGE DES COMMENÇANTS

PARIS

LIBRAIRIE DE L. HACHETTE ET Cie

RUE PIERRE-SARRAZIN, N° 14

(Près de l'École de médecine)

1858

LE JARDIN

DES RACINES GRECQUES.

I.

A, fait un ; prive, augmente, admire.
Ἀάζω, j'exhale *et* j'aspire.
Ἄβαξ, comptoir, damier, buffet.
Ἀβρὸς, lâche *et* mou, beau, bien fait.
Ἀβρότη, nuit, temps où l'on erre.
Ἀγαθὸς, bon, brave à la guerre.
Ἀγάλλω, pare, orne *et* polit.
Ἄγαν, trop *ou* beaucoup *se dit*.
Ἀγανακτέω, je m'indigne.
Ἀγαπᾷν, aimer *te désigne*.

II.

Ἀγάω, j'admire en suspens.
Ἄγγαροι, courriers des Persans.
Ἀγγέλλω, j'annonce nouvelle.
Ἄγγος, vase, urne, *ou chose telle*.
Ἀγείρειν, assemble ; erre en gueux.
Ἀγέλη, grand troupeau de bœufs.
Ἀγέρωχος, fier, intraitable.
Ἅγιος, pur, saint, vénérable.
Ἀγκαὶ, les bras, ἀγκάλαι *fait*.
Ἄγκιστρον, hameçon, crochet.

III.

Ἄγκος, fond, vallon *te figure.*
Ἀγκύλη, dard, coude *ou* jointure.
Ἀγκύλος, aquilin, tortu.
Ἄγκυρα, l'ancre *au bec pointu.*
Ἀγκὼν, coude *ou* chose courbée.
Ἀγλαὸς, beau, clair, sans nuée.
Ἁγνὸς, chaste, pur, innocent.
Ἀγορὰ, marché, ce qu'on vend.
Ἅγος, saint; chose pure, impure.
Ἄγρα, chasse, *ou* proie, *ou* capture.

IV.

Ἀγυιὰ, rue. Ἀγρὸς, champ *fait.*
Ἄγυρις, peuple en troupe *on met.*
Ἄγχω, serre, étrangle *et* suffoque.
Ἄγω, conduit, brise *ou* provoque.
Ἀγὼν, combats, jeux, appareil.
Ἀδελφὸς, frère, égal, pareil.
Ἁδεῖν, se plaît *et* veut complaire.
Ἀδημονεῖν, craint, désespère.
Ἀδινὸς, dru, serré, fréquent.
Ἁδρὸς, grand, gros, fort *et* puissant.

V.

Ἄδω, soûler, remplir *veut dire*.
Ἄδην, abondamment *s'en tire*.
Ἄεθλος, ἆθλος, des combats.
Ἀεὶ, toujours *tu traduiras*.
Ἀείδειν, chante *et* versifie.
Ἀείρειν, ôte, élève, allie.
Ἄελλα, tempête, grand vent.
Ἀέξω, prend accroissement.
Ἀετὸς, *pour* aigle *on doit prendre*.
Ἄζω, sèche. Ἅζω, l'honneur rendre.

VI.

Ἀηδὼν, rossignol *chanteur*.
Ἀὴρ, l'air, brouillard *ou* vapeur.
Ἀθέλγω, téter, sucer, traire.
Ἀθρεῖν, voit, pèse *et* considère.
Ἀθὴρ, épi, barbe de blé.
Ἀθρόος, pressé, dru, serré.
Ἀθύρω, je joue *à toute heure*.
Αἶ, ha *fait*. Αἰάζω, je pleure.
Αἰγιαλὸς, bord de la mer.
Αἴγλη, splendeur, *brille dans l'air*.

VII.

Ἀΐδης, ᾄδης, l'enfer *donne.*
Αἰδὼς, pudeur, *mauvaise ou bonne.*
Αἰθὴρ, *æther,* l'air *on traduit.*
Αἴθω, brûle, enflamme *et* reluit.
Αἰκάλλειν, a langue flatteuse.
Αἰκία, blessure honteuse.
Αἷμα, sang *et* la race *on rend.*
Αἱμύλος, beau, doux, décevant.
Αἶνος, fable; αἰνεῖν, loue, exhorte.
Αἰνιγμὸς, énigme *t'apporte.*

VIII.

Αἰνὸς, grave, horrible *se dit.*
Αἴνυμαι, prend *et* se saisit.
Αἴξ, bouc *ou* chèvre *signifie.*
Αἰόλος, divers, qui varie..
Αἰονᾷν, mouille, arrose un champ.
Αἰπὺς, haut, difficile *et* grand.
Αἱρέω, prend, perd, tue, accable.
Αἵρεσις, choix, secte damnable.
Αἴρω, mettre en haut, élever.
Αἶσα, Parque *ou* sort *doit marquer.*

IX.

Αἰσθάνομαι, sent, juge *et* pense.
Αἰσιμοῦν, emploie *ou* dépense.
Ἀΐσσω, se rue en courant.
Αἴσυλος, scélérat, méchant.
Αἶσχος, tache, opprobre, infamie.
Αἰτέω, demande *et* supplie.
Αἰτία, cause, crime *fait*.
Αἰχμὴ, pointe, *ou* lame, *ou* long trait.
Αἶψα, sur-le-champ, sans attendre.
Ἀΐω, *poétique,* entendre.

X.

Αἰὼν, l'éternité, le temps.
Αἰωρεῖν, j'élève *ou* suspends.
Ἀκαλήφη, ortie, *et* bête.
Ἄκανθα, ronce, épine, arête.
Ἄκατος, un vaisseau marchand.
Ἀκεῖσθαι, *pour* guérir *se prend.*
Ἀκὴ, pointe, *et rien davantage.*
Ἀκμὴ, pointe, vigueur, fleur d'âge.
Ἀκόλουθος, suivant, valet.
Ἀκόνη, queux, *fait couper net.*

XI.

Ἀκούω, je prête l'oreille.
Ἀκριβὴς, exact à merveille.
Ἀκρὶς, sauterelle *se rend.*
Ἀκροᾶσθαι, son maître entend.
Ἄκρος, grand, haut, sublime, extrême.
Ἀκτὴ, rivage, *et* sureau *même.*
Ἀκτὶν, rayon, *vient l'œil frapper.*
Ἄκων, dard, *toute* arme à jeter.
Ἀλαζὼν, vain, s'en fait accroire.
Ἀλαλὴ, bruit, cri de victoire.

XII.

Ἀλάομαι, erre en tous lieux.
Ἀλαὸς, *ou* louche, *ou* sans yeux.
Ἄλγος, triste ennui, *qui tourmente.*
Ἀλδέω, j'accrois *et* j'augmente.
Ἀλέα, chaud du jour, tiédeur.
Ἀλέγειν, a soin, prend à cœur.
Ἄλεισον, *pour* un pot *s'usite.*
Ἀλείφω, frotte, oint; pousse, incite.
Ἀλέξω, chasse, aide *et* défend.
Ἀλέω, moud; fuit sagement.

XIII.

Ἀληθὴς, certain, véritable.
Ἄλθω, guérit *tout mal curable.*
Ἀλίγκιος, semblable *est dit.*
Ἄλις, c'est assez, il suffit.
Ἀλισγῶ, souille *et* rend profane.
Ἁλίσκω, prend, punit, condamne.
Ἀλιτέω, crimes commet.
Ἀλίω, *pour* rouler *se met.*
Ἀλκὴ, force, aide aux misérables.
Ἀλλᾶς, saucisse, *ou mets semblables.*

XIV.

Ἀλλάττω, change, est inconstant.
Ἅλλομαι, bondit, va sautant.
Ἄλλος, autre; ἀλλοιῶ, je change.
Ἀλοάω, rompt, bat en grange.
Ἅλς, *pour* la mer *ou* sel *se prend.*
Ἄλσος, *lucus,* bois saint, noir, grand.
Ἀλύω, s'abat, se chagrine.
Ἄλφιτον, d'orge *est* la farine.
Ἀλώπηξ, renard, rusé, fin.
Ἅλως, l'aire *à battre le grain.*

XV.

Ἀμαλὸς, mou, débile *et* tendre.
Ἅμαξα, char, nord, *se doit rendre.*
Ἀμάρα, sillon *ou* canal.
Ἁμαρτάνειν, erre *et* fait mal.
Ἀμαρύσσω, brille sans ombre.
Ἀμαυρὸς, obscur, pâle *et* sombre.
Ἀμάω, moissonne *en été.*
Ἀμϐλὺς, obtus, lâche, hébété.
Ἀμείϐω, changer, à tour faire.
Ἀμέλγειν, cueillir vert, lait traire.

XVI.

Ἀμέργω, suce, l'huile extrait.
Ἀμεύω, passe comme un trait.
Ἅμιλλα, combat, ardeur grande.
Ἀμὶς, pot *qu'en chambre on demande.*
Ἀμνὸς, *est un* agneau *bêlant.*
Ἀμορϐὸς, obscur, *ou* suivant.
Ἀμὸς, un *ou* quelqu'un *désigne.*
Ἄμπελος, *te marque* la vigne.
Ἀμπρὸν, trait, *ou* corde, *ou* collier.
Ἄμπυξ, bande *à cheveux lier.*

XVII.

Ἀμυδρός, sombre, imperceptible.
Ἀμύμων, irrépréhensible.
Ἀμύνω, secourir, venger.
Ἀμύσσω, piquer, déchirer.
Ἀμφισϐητεῖν, doute *et* conteste.
Ἄμφω, deux, *comme* ambo *l'atteste*.
Ἀνάγκη, la nécessité.
Ἄναξ, prince, homme en dignité.
Ἀναίνομαι, refuse *et* nie.
Ἁνδάνω, plaire *signifie*.

XVIII.

Ἄνεμος, *en France est* le vent.
Ἀνεψιὸς, cousin, parent.
Ἀνὴρ, *vir,* homme de courage.
Ἄνθος, fleur, beauté, fleur de l'âge.
Ἄνθραξ, escarboucle *ou* charbon.
Ἀνθρήνη, la guêpe *ou* frelon.
Ἄνθρωπος, homme *représente*.
Ἀνία, tristesse affligeante.
Ἄντλος, sentine, égout *prendra*.
Ἄντρον, antre caverne *aura*.

XIX.

Ἀνύειν, achever, détruire.
Ἀνώγω, pousse, exhorte, attire.
Ἀξίνη, la hache *qui fend.*
Ἄξιος, digne, illustre *et* grand.
Ἄξων, essieu, pôle du monde.
Ἄορ, épée, *en maux féconde.*
Ἀολλὴς, dru, pressé *se rend.*
Ἀορτὴ, grande artère *prend.*
Ἁπαλὸς, délicat *et* tendre.
Ἀπατάω, tromper, surprendre.

XX.

Ἀπειλέω, menace, est vain.
Ἀπηνὴς, cruel, inhumain.
Ἁπλοῦς, simple, *a le cœur en bouche.*
Ἅπτειν, attache, allume *et* touche.
Ἀπύω, crie. Ἄραβος, son.
Ἀρὰ, vœux, imprécation.
Ἀραιὸς, rare, mince, tendre.
Ἀράσσω, couper, rompre *ou* fendre.
Ἀράχνης, araignée *on rend.*
Ἀργὸς, blanc. Ἄργυρος, argent.

XXI.

Ἄρδω, j'arrose *et* désaltère.
Ἀρέσκω, je tâche de plaire.
Ἀρετὴ, vertu, force *et* cœur.
Ἀρήγειν, aide, est protecteur.
Ἄρης, Mars, combat, fer, blessure.
Ἄρθρον, membre, article, *et* jointure.
Ἀριθμὸς, nombre, *quel qu'il soit*.
Ἀριστερὸς, gauche, *et non droit*.
Ἄριστον, dîner *représente*.
Ἀρκεῖν, chasse, aide, *et* se contente.

XXII.

Ἄρκτος, ours. Ἄρκυς, rets, filet.
Ἅρμα, *pour* char *ou* poids *se met*.
Ἀρνέομαι, refuse *et* nie.
Ἄρνυμαι, prendre *signifie*.
Ἀρόω, laboure *les champs*.
Ἁρπάζω, prend, pille *les gens*.
Ἀῤῥαβὼν, les arrhes *te marque*.
Ἄῤῥην, mâle, *et* vif *dans Plutarque*.
Ἄρς, ἀρνὸς, un agneau *bêlant*.
Ἀρτᾷν, porte en haut *et* suspend,

XXIII.

Ἄρτιος, parfait *signifie.*
Ἄρτος, pain, *soutien de la vie.*
Ἀρτύειν, apprêter, orner.
Ἀρύειν, ἀρύτειν, puiser.
Ἀρχὴ, principe, *et* seigneurie.
Ἄρω, concerte, ajuste, allie.
Ἄρωμα, parfum, douce odeur.
Ἀσβόλη, suie *à ramoneur.*
Ἀσελγὴς, lascif, fier *veut dire.*
Ἆσθμα, souffle, *quand on respire.*

XXIV.

Ἀσκεῖν, exerce, instruit, rend beau.
Ἀσκὸς, *uter,* outre, une peau.
Ἄσμενος, gai, de bonne grâce.
Ἀσπάζομαι, salue, embrasse.
Ἀσπὶς, aspic, écu *dira.*
Ἀστὴρ, astre. Ἀστράπτω, luira.
Ἄστυ, ville, finesse, Athènes.
Ἀσχάλλειν, est triste, a des peines.
Ἀταλὸς, tendre, encore en fleur.
Ἀτάρμυκτος, hardi, sans peur.

XXV.

Ἀτάω, blesser, perdre *ou* nuire.
Ἀτάσθαλος, méchant *s'en tire*.
Ἀτέμβω, peine, est affligeant.
Ἀτμὸς, vapeur, haleine *ou* vent.
Ἀτρεκὴς, certain, véritable.
Ἄττω, bondit, saute, est instable.
Ἀτύζειν, porte la terreur.
Αὐγὴ, grand jour, vive splendeur.
Αὐδὴ, voix *ou* discours *s'explique*.
Αὐθέντης, puissant, authentique.

XXVI.

Αὖλαξ, le sillon du labour.
Αὐλὴ, salle, place, *ou* la cour.
Αὐλὸς, une flûte *veut dire*.
Αὖρα, vent doux, le doux zéphyre.
Αὐστηρὸς, plein d'austérité.
Αὐχεῖν, parle avec vanité.
Αὐχὴν, cou, détroit *signifie*.
Αὔω, fait vent, allume, crie.
Αὐχμὸς, sèche *et* grande chaleur.
Ἀφελὴς, *est* simple de cœur.

XXVII.

Ἄφενος, revenu, richesse.
Ἀφροδίτη, Vénus, *déesse*.
Ἀφρὸς, *est* l'écume de l'eau.
Ἀφύω, puise *avec le seau*.
Ἄχθος, poids, charge, douleur *dure*.
Ἀχλὺς, noirceur, nuée obscure.
Ἄχος, ennui *du cœur troublé*.
Ἄχυρον, Ἄχνα, paille *au blé*.
Ἄω, blesse *ou* luit, souffle *et* vente.
Ἄωτον, fleur, chose excellente.

XXVIII.

B, *seul, dans les nombres, fait* deux.
Βάζω, parle. Βάθος, fond, creux.
Βαίνω, va, marche, a ferme assiette.
Βάκτρον, un bâton *s'interprète*.
Βαλανεῖον bain, *et* lavoir.
Βάλανος, gland, verrou, fermoir.
Βάλαντιον, sac, gibecière.
Βαλβὶς, l'entrée en la carrière.
Βάλλω, jette, frappe en dardant.
Βαμβαίνω, bégaye en parlant.

XXIX.

Βάναυσος, artisan *veut dire*.
Βάπτω, plonge, teint, lave, eau tire.
Βάρος, poids, charge, ennui pesant.
Βάσανος, épreuve *et* tourment.
Βασιλεὺς, roi, prince *s'appelle*.
Βασκαίνω, fascine, ensorcelle.
Βαστάζω, fardeau portera.
Βάτος, buisson *te donnera*.
Βάτραχος, *criarde* grenouille.
Βαΰζειν, aboie *ou* bredouille.

XXX.

Βδάλλω, traire le lait, sucer.
Βδέω, βδελύσσω, détester.
Βέβαιος, fixe, ferme *et* stable.
Βέλος, dard, *toute* arme jetable.
Βέλτερος, meilleur, plus prudent.
Βέμβηξ, sabot; gouffre, *ou* grand vent.
Βηλὸς, seuil; βέβηλος, profane.
Βὴξ, toux, *a besoin de tisane*.
Βία, force, effort violent.
Βίβλος, livre *ou* papier *se rend*.

XXXI.

Βίος, vie *ou* vivres, siècle, homme.
Βλαισὸς, jambe tortue *on nomme*.
Βλὰξ, lâche, poltron, mou, sans cœur.
Βλάπτω, blesse, nuit, fait douleur.
Βλαστάνω, germe, *et* fructifie.
Βλέννα, *mucus,* flegme, *ou* folie.
Βλέπω, voit, regarde, est vivant.
Βλέφαρον, la paupière *on rend*.
Βληχᾶσθαι, comme un mouton bêle.
Βληχρὸς, faible, imbécile, *et* frêle.

XXXII.

Βλίττω, fait sortir miel *ou* lait.
Βλύζω, sourd *et* coule *à souhait*.
Βλωμὸς, morceau *marque, ou* bouché.
Βλώσκω, va; βλῶσις, arrivée.
Βοάω, fait bruit, fait clameur.
Βοηθεῖν, aide, est défenseur.
Βόθρος, trou, fosse plus profonde.
Βολβὸς, oignon, racine ronde.
Βόμβος, bruit de mouches, bourdon.
Βόμβυξ, ver à soie *est ton nom*.

XXXIII.

Βορὰ, fourrage *et* nourriture.
Βόρϐορος, bourbier, boue, ordure.
Βόστρυχος, des cheveux bouclés.
Βότρυς, raisin *vous traduirez.*
Βουλὴ, conseil, sénat, sentence.
Βούλομαι, veut, désire *ou* pense.
Βουνὸς, hauteur, tertre *ou* penchant.
Βοῦς, *pour* bœuf *ou* vache *se prend.*
Βόω, βόσκω, je mène paître.
Βραϐεὺς, arbitre, juge *ou* maître.

XXXIV.

Βράγχος, de la voix l'enrouement.
Βραδὺς, tardif, lourd *et* pesant.
Βράζω, bout avec violence.
Βραχίων, bras, force *et* puissance.
Βραχὺς, court, bref, moindre *et* petit.
Βρέμω, bat, menace *ou* frémit.
Βρένθος, oiseau; faste, arrogance.
Βρέφος, l'enfant dans sa naissance.
Βρέχω, mouille; *et* βροχὴ, pluie *a.*
Βριᾷν, est fort, *et* fort rendra.

XXXV.

Βρίζω, dort en sortant de table.
Βρίθω, sent un poids qui l'accable.
Βρόγχος, βρόχθος, gosier *se rend.*
Βροντὴ, le tonnerre *grondant.*
Βροτὸς, *pour* mortel *doit se prendre.*
Βρόχος, rets, lacs, corde à se pendre.
Βρύκω, βρύττω, mange, engloutit.
Βρύχω, grince les dents, rugit.
Βρύον, de l'herbe *et* de la mousse.
Βρύω, rejaillit, jette *et* pousse.

XXXVI.

Βρῶμος, une puante odeur.
Βρώσκω, manger; βρωτὴρ, mangeur.
Βύας, *l'affreux* hibou *veut dire.*
Βύϐλος, du papier *pour écrire.*
Βυθὸς, βυσσὸς, creux, fond de l'eau.
Βύρσα, cuir, des bêtes la peau.
Βύσσος, lin, *de l'Inde à nous passe.*
Βύω, ferme, emplit, couvre, entasse.
Βῶλος, motte, *ou* le champ, le lieu.
Βωμὸς, base, *ou* l'autel d'un dieu.

XXXVII.

Γάμμα, trois *en nombre te marque.*
Γάζα, biens du persan monarque.
Γαῖα, γῆ, terre, pays, champ.
Γαίω, s'élève, est insolent.
Γάλα, le lait *que l'enfant tette.*
Γαλέη, γαλῆ, chat, belette.
Γαλήνη, temps calme *et* serein.
Γαμβρὸς, gendre, allié, cousin.
Γαμεῖν, prend femme *et* se marie.
Γάνος, joie, éclat *signifie.*

XXXVIII.

Γαργαίρειν, briller *et* lancer.
Γαργαλίζειν, *est* chatouiller.
Γαστὴρ, le ventre *a pour partage.*
Γαῦρος, superbe, altier, sauvage.
Γείνομαι, naît, est, fait *et* va.
Γεῖσον, bord du toit *marquera.*
Γείτων, *notre* voisin *veut dire.*
Γελάω, rit, d'autrui veut rire.
Γέμειν, est plein, charge *et* remplit.
Γένυς, menton, mâchoire *on dit.*

XXXIX.

Γέρανος, grue; antique danse.
Γέρας, prix honneur, récompense.
Γέρων, vieillard, sénateur, grand.
Γεύω, goûte *ou* goûtable rend.
Γέφυρα, pont *pour passer l'onde.*
Γηθέω, donne joie au monde.
Γῆρας, vieillesse *se dira.*
Γῆρυς, voix, son *s'appellera.*
Γιγνώσκω, connaît, juge *et* pense.
Γνώμη, décret, conseil, sentence.

XL.

Γλαυκὸς, azuré, couleur d'eau.
Γλάφω, creuse, taille *et* rend beau.
Γλεῦκος, *mustum,* suc doux *s'appelle.*
Γλήνη, de l'œil *est* la prunelle.
Γλίσχρος, visqueux, qui tient, gluant.
Γλίχομαι, désire, est ardent.
Γλοιὸς, vil, sale *et* méprisable.
Γλυκὺς, doux, joyeux, agréable.
Γλῶσσα, langue *ou* terme étranger.
Γλωχὶς, pointe, angle *doit marquer.*

XLI.

Γνάθος, joue *et* bouche, *ou* mâchoires.
Γνόφος, noirceur, ténèbres *noires*.
Γοάω, gémir *et* pleurer.
Γογγύζω, gronder, murmurer.
Γόης, enchanteur, fourbe *impose*.
Γόμφος, coin, clou, *semblable chose*.
Γόνυ, *pour* le genou *se prend*.
Γοργὸς, prompt, vif, actif, ardent.
Γραῖα, vieille femme *veut dire*.
Γράφω, peindre, accuser, écrire.

XLII.

Γράω, manger ; être sculpteur.
Γρίπος, rets, filets *à pêcheur*.
Γρὺ, rien *sera*. Γρύζω, grouine[1].
Γρυπὸς, nez en forme aquiline.
Γυία, champ, arpent *ou* chemin.
Γυῖον, membre, le pied, la main.
Γυμνὸς, nu, découvert, sans armes.
Γυνὴ, femme, *sujette aux larmes*.
Γῦρος, rond, cercle. Γὺψ, vautour.
Γωνία, coin, lieu loin du jour.

[1] Grogne.

XLIII.

Δ, *pour chiffre,* quatre *doit faire.*
Δαὴρ, *s'appelle* le beau-frère.
Δαίδαλος, artiste, beau, fin.
Δαίμων, dieu, sort, esprit malin.
Δαίειν, apprend, brûle *et* festine.
Δάκνω, mord *comme une mâtine.*
Δάκρυ, larme *signifiera.*
Δάκτυλος, doigt, dattes *prendra.*
Δαμάω, dompte, afflige, opprime.
Δάνος, don, prêt, usure *exprime.*

XLIV.

Δαπανᾷν, en frais dépenser.
Δάπεδον, l'aire, le plancher.
Δάπτω, mange, engloutit, déchire.
Δαρθάνω, sommeiller *veut dire.*
Δασὺς, dru, velu, hérissé.
Δάφνη, le laurier *si prisé.*
Δαψιλὴς, qui largement donne.
Δείδω, s'épouvante *et* frissonne.
Δεικνύω, faire voir, montrer.
Δείλη, le temps d'après dîner.

XLV.

Δειλὸς, craintif, misérable *homme*.
Δεῖνα, quelqu'un, *sans qu'on le nomme*.
Δεινὸς, grand, habile, effrayant.
Δεῖπνον, souper, festin *se rend*.
Δεῖσα, fumier, *aux champs a vogue*.
Δέκα, dix, *d'où vient Décalogue*.
Δέλεαρ, viande, amorce, appâts.
Δελφὶν, dauphin *tu traduiras*.
Δέλφαξ, cochon qui vient de naître.
Δελφὺς, matrice, *où l'on prend l'être*.

XLVI.

Δέμας, *en grec*, le corps *se dit*.
Δέμνιον, *se prend pour* un lit.
Δέμω, je bâtis, j'édifie.
Δένδρον, un arbre *signifie*.
Δέννος, opprobre *diffamant*.
Δεξιὰ, main droite *se rend*.
Δέπας, un pot, *ou* vase, *ou* tasse.
Δέρας, cuir, peau *qu'un tanneur passe*.
Δέρη, cou; haut, colline *on rend*.
Δέρκω, voit, a l'œil vif, perçant.

XLVII.

Δεσπόζω, domine, a l'empire.
Δεῦκος, chose douce *veut dire.*
Δεῦρο, viens ici, jusqu'ici.
Δεύτερος, second *marque aussi.*
Δεύω, mouille, teint, mêle, arrose.
Δέφειν, écorche, *et* cuir dispose.
Δέχομαι, prend, soutient, attend.
Δέω, lie, a manque, est absent.
Δηλεῖν, trompe, est fourbe *et* nuisible.
Δῆλος, clair, apparent, visible.

XLVIII.

Δῆμος, peuple *et* tribu *fera.*
Δῆνος, conseil *s'expliquera.*
Δῆρις, débat, petite guerre.
Διαίνειν, humecte la terre.
Δίαιτα, vivre, état qu'on suit.
Διδάσκω, montre, enseigne, instruit.
Δίδυμος, *est* jumeau, jumelle.
Δίδωμι, donne *à tel ou telle.*
Δίζω, chercher. Δίκη, procès.
Δίκω, jeter. Δίκτυον, rets.

XLIX.

Δίνη, gouffre, ondes agitées.
Διπλόος, double, à deux pensées.
Δὶς, δίχα, *pour* deux fois *se met.*
Δίσκος, *discus,* plat, rond, palet.
Διστάζειν, en doute se trouve.
Διφάω, cherche, tâte, éprouve.
Διφθέρα, cuir, parchemin, peau.
Δίψα, soif, *court au pot à l'eau.*
Δίω, chasse, craint, *et* vacille.
Διώκω, poursuit, chasse, exile.

L.

Δνόφος, *pour* ténébres *se prend.*
Δοκάζω, juge, observe, attend.
Δοκέω, croit, estime *et* pense.
Δόγμα, dogme, *et* δόξα, sentence.
Δοκὸς, une poutre *est rendu.*
Δολιχὸς, en long étendu.
Δόλος, dol, fourbe, tromperie.
Δόναξ, un roseau *signifie.*
Δονεῖν, secouer, agiter.
Δὸρξ, chevreuil, *ou le* daim *léger.*

LI.

Δόρπον, δόρπος, souper *s'explique.*
Δόρυ, bois, pertuisane *ou* pique.
Δοῦλος, esclave, au joug réduit.
Δοῦπος, chute avec un grand bruit.
Δράκων, un dragon *se doit rendre.*
Δράσσω, saisir, empaumer, prendre.
Δραχμὴ, drachme, *pièce d'argent.*
Δράω, fait, sert; fuit prestement.
Δρέπω, fauche, *et marque* assemblage,
Δριμὺς, aigre, âpre, aigu, fin, sage.

LII.

Δρόσος, rosée *exprimera.*
Δρύπτω, déchire, écorchera.
Δρῦς, chêne, *ou tout* arbre *désigne.*
Δύη, travaux, malheur insigne.
Δύναμαι, peut, est sain, fort, grand.
Δύναμις, art, médicament.
Δύνω, vêt, entre, plonge *en l'onde.*
Δυσμὴ, coucher de l'œil du monde.
Δύο, deux; δοιάζω, douter.
Δῶρον, don, *de* δόω, donner.

LIII.

E, cinq. Ἒ, *du deuil est le signe.*
Ἔαρ, ἦρ, printemps *te désigne.*
Ἐάω, permet, laisse, omet.
Ἐγγύη, promesse *qu'on fait.*
Ἐγγὺς, *pour* proche, auprès *s'usite.*
Ἐγείρω, pousse, éveille, excite.
Ἐγκώμιον, éloge *aura.*
Ἐγρηγορέω, veillera.
Ἔγχελυς, anguille *s'explique.*
Ἔγχος, *ou* javeline, *ou* pique.

LIV.

Ἕδνα, ce que donne l'époux.
Ἔδω, je mange, *est su de tous.*
Ἕζομαι, s'assied; ἕδρα, chaire.
Ἔνεδρον, embûche; ἕδος, terre.
Ἔθειρα, perruque, cheveux.
Ἐθέλω, j'ordonne, je veux.
Ἔθνος, peuple; *d'où vient ethnarque.*
Ἔθος, la coutume *te marque.*
Εἴδω, je vois, j'entends, je sais.
Εἶδος, forme, espèce, beauté.

LV.

Εἰκῆ, par hasard, par rencontre.
Εἴκοσι, deux fois dix *te montre.*
Εἴκω, ressemble; *et* cède *à tous.*
Ἐπιεικὴς, convient, est doux.
Εἰλεῖν (*doux*), presse, amasse *et* serre
Εἱλεῖν entoure *et* roule *à terre.*
Εἵλως, peuple, *à Sparte est valet.*
Εἰνάτηρ, belle-sœur *se met.*
Εἵργω, j'enferme *et* j'emprisonne.
Εἴργω, défendre, empêcher *donne.*

LVI.

Εἰρήνη, paix, *fait tout fleurir.*
Εἶρος, laine, *est bonne à vêtir.*
Εἴρω, parle, interroge *et* noue.
Εἴρων, dissimule *et* se joue.
Εἷς, un seul, *fait* οὐδεὶς, pas un.
Ἑκὰς, loin. Ἕκαστος, chacun.
Αὐθέκαστος, exact, sévère.
Ἑκάτερος, tous deux *doit faire.*
Ἑκατὸν, *un* cent *se traduit.*
Ἕκηλος, paisible *et* sans bruit.

LVII.

Ἐχυρὸς, *marque* le beau-père.
Ἑκὼν, de bon gré, volontaire.
Ἐλαία, l'olivier, son fruit.
Ἐλάτη, le sapin *se dit*.
Ἐλαύνω, pousse, chasse, incite.
Ἐλατὴρ, qui chevaux agite.
Ἔλαφος, cerſ *semble voler*.
Ἐλαφρὸς, *comme un cerf* léger.
Ἐλαχὺς, petit, qu'on rejette.
Ἔλδομαι, désire *et* souhaite.

LVIII.

Ἔλεγος, deuil, lugubre chant.
Ἐλέγχειν, convainc *et* reprend.
Ἔλεος, compassion *tendre*.
Ἐλεύθερος, libre *on doit rendre*.
Ἐλέφας, ivoire, éléphant.
Ἕλη, chaud du soleil *ardent*.
Ἑλιννύειν, cesse *ou* diffère.
Ἕλκος, *ulcus, est* un ulcère.
Ἕλκω, traîner; ὁλκὸς, sillon.
Ἕλλην, Grec; *des Gentils le nom*.

LIX.

Ἕλος, un marais, eau dormante.
Ἐλπὶς, espoir *ou* simple attente.
Ἐμέω, vomir *marquera.*
Ἐμπάζομαι, grand soin prendra.
Ἐναίρειν, perd, dépouille *et* tue.
Ἐναργὴς, clair, frappant la vue.
Ἐνιαυτὸς, Ἕνος, l'an *fait.*
Ἔνιοι, quelques-uns *se met.*
Ἐννέα, *pour* neuf *tu dois prendre.*
Ἐντὸς, dans, dedans *se peut rendre.*

LX.

Ἐνυὼ, déesse de sang.
Ἓξ, *sex,* six, *au nombre a son rang.*
Ἑορτὴ, jour de fête *exprime.*
Ἐπείγω, pousse, presse, anime.
Ἐπηρεάζω, fâche *et* nuit.
Ἐπήρεια, perte *on traduit.*
Ἐπίκουρος, qui secours donne.
Ἐπιπολῆς, surface *ordonne.*
Ἐπιτηδὴς, propre, agissant.
Ἑπτὰ, sept; ἕβδομος *s'en prend.*

LXI.

Ἕπω (*rude*), suit, a l'empire.
Ἔπω (*doux*), parle; ἔπος *s'en tire*.
Ἔρα, terre *on rend par ce mot*.
Ἔρανος, festin par écot.
Ἐρᾶν, aime. Ἔργον, chose, ouvrage.
Ἔρεβος, infernale plage.
Ἐρέθω, pique, irrite, aigrit.
Ἐρείδω, soutient, affermit.
Ἐρείκω, rompt. -πω, bat muraille.
Ἐρέπτω, mange *et* fait ripaille.

LXII.

Ἐρέσσω, rame; est serviteur.
Ἐρεσχελεῖν, raille; est menteur.
Ἐρεύγω, roter *en infâme*.
Ἔρευθος, rougeur, peur du blâme.
Ἐρευνᾶν, cherche à gauche, à droit.
Ἐρέφω, couvre; ὄροφος, toit.
Ἔρημος, désert, solitaire.
Ἐριννὺς, Furie *ou* colère.
Ἔρις, débat *ou* contredit.
Ἔριφος, le chevreau *se dit*.

LXIII.

Ἕρμα, base, appui, ferme assiette.
Ἑρμηνεὺς, *est* un interprète.
Ἑρμῆς, Mercure; ἑρμὰς, rocher.
Ἑρμαῖον, gain, sans le chercher.
Ἔρνος, *ou* branche, *ou* germe, *ou* plante.
Ἕρπω, rampe, glisse *et* serpente.
Ἔῤῥω, triste et dolent s'en va.
Ἔρση, la rosée *on dira.*
Ἐρύκειν, empêche *et* retarde.
Ἐρύειν, traîne, sauve *ét* garde.

LXIV.

Ἔρχομαι, vient, arrive *et* va.
Ἐλεύθω, *ses temps y joindra.*
Ἐρωεῖν, court, recule, arrête.
Ἐρωτᾷν, demande *et* s'enquête.
Ἐσθλὸς, bon, vaillant *au danger.*
Ἔσθω, *comme* ἐσθίω, manger.
Ἕσπερος, astre au soir rayonne.
Ἑσπέρα, vêpre *ou* couchant *donne.*
Ἑστία, foyer *ou* banquet.
Ἐσχάρα, foyer *aussi fait.*

LXV.

Ἔσχατος, dernier, qui termine.
Ἐτάζω, recherche, examine.
Ἑταῖρος, ami, compagnon.
Ἔτης, *est presque un même nom.*
Ἕτερος, l'autre *ou* qui diffère.
Ἕτοιμος, prêt, prompt à bien faire.
Ἔτνος, purée. Ἔτος, *est* l'an.
Ἔτυμος, vrai *toujours se rend.*
Εὐδία, l'air serein *s'expose.*
Εὕδω, καθεύδω, dort, repose.

LXVI.

Εὐθὺς, droit; εὐθὺ, sur-le-champ.
Εὐνὴ, lit *ou* tente *d'un camp.*
Εὔριπος, flux, reflux *d'Eubée.*
Εὐριπώδης, âme agitée.
Εὑρίσκω, trouve en recherchant.
Εὐρὺς, grand, large. Εὐρὼς, relent.
Ἐὺς, bon; εὖ, bien; εὖγε, loue.
Εὔχομαι, promet, prie *et* voue.
Εὕω, chauffe *et* dans le feu met.
Εὐωχία, festin, banquet.

LXVII.

Ἔχθος, haine. Ἔχις, la vipère.
Ἐχῖνος, hérisson *doit faire.*
Ἐχυρὸς, lieu sûr, fort, château.
Ἕψω, cuit, *et* fait bouillir l'eau.
Ἔχω, σχῶ, j'ai; *ses sens varie.*
Σχῆμα, mine, habit *signifie.*
Ἔω (*doux*), être, aller, venir.
Ἕω (*rude*), envoyer, vêtir.
Ἐσθὴς, robe *est interprétée.*
Ἕωλος, viande réchauffée.

LXVIII.

Ζῆτα *vaut* sept; σῖγμα ταῦ six.
Ζάω, *pour* vivre *sera mis.*
Ζεύγνυμι, ζεύγω, joint, assemble.
Σύζυγοι, deux liés ensemble.
Ζεὺς, Διὸς, le dieu Jupiter.
Ζέφυρος, zéphyr, un doux air.
Ζέω, bouillonner *signifie.*
Ζῆλος, zèle, ardeur, jalousie.
Ζημία, perte *et* détriment.
Ζητέω, trouve en recherchant.

LXIX.

Ζιζάνιον, l'ivraie *est dite.*
Ζόφος, *pour* un temps noir *s'usite.*
Ζύθος, bière, *d'orge se fait.*
Ζύμη, *pour* le levain *se met.*
Ζωμὸς, potage *et* chair bouillie.
Ζωννύω, ceindre *signifie.*
Ζωνίτης *est* le ceinturier.
Ζωστὴρ, ceinture *ou* baudrier.
Ζωρὸς, vin pur, *sans eau mêlée.*
Ἄζωρος, boisson non trempée.

LXX.

Η *fait* huit, *et prend divers sens.*
Ἥβη, jeunesse, *et* jeunes gens.
Ἡγέομαι, conduit, ordonne.
Ἡδὺς, doux, agréable *donne.*
Ἦθος, mœurs, esprit, lieu, maison.
Ἤθω, passe eau par un chausson.
Ἠΐθεος, *est* jeune d'âge.
Ἠϊὼν, le bord, le rivage.
Ἥκω, venir *ou* s'approcher.
Ἠλακάτη, bois pour filer.

LXXI.

Ἠλάσκω, tourne, erre, est volage.
Ἠλεὸς, *d'un* sot *est l'image.*
Ἠλίθιος, sot, sans honneur.
Ἡλικία, taille, âge en fleur.
Ἡλίκος, combien grand *doit faire.*
Ἥλιος, soleil *tout éclaire.*
Ἧλος, un clou *se traduira.*
Ἧμαι, κάθημαι, s'assiéra.
Ἡμεκτεῖν, se fâche, est en peine.
Ἡμέρα, le jour *nous amène.*

LXXII.

Ἥμερος, doux, facile, aisé.
Ἥμισυς, demi, la moitié.
Ἠμύω, penche, tombe, accable.
Ἠνεκὴς, grand, long *et* durable.
Ἡνία, bride *est aux chevaux.*
Ἧπαρ, le foie *aux animaux.*
Ἤπειρος, continent, *non île.*
Ἤπιος, doux, clément, facile.
Ἥρα, *l'orgueilleuse* Junon.
Ἤρεμος, doux, paisible *et* bon.

LXXIII.

Ἠρίον, tombeau, *mort enserre.*
Ἥρως, héros, brave à la guerre.
Ἥσσων, ἥττων, moindre, abattu.
Ἥσυχος, paisible *est rendu.*
Ἦτορ, le cœur *où naît la joie.*
Ἦτριον, fil, tissu, le foie.
Ἥφαιστος, Vulcain, forgeron.
Ἦχος (*d'où vient* écho), le son.
Ἀπήχημα, voix finissante.
Ἠώς, l'aube au matin brillante.

LXXIV.

Θῆτα, neuf. Θαιρὸς, essieu, gond.
Θάλαμος, lit, chambre *ou* maison.
Θάλασσα, mer, liquide plage.
Θάλλω, pousse fleurs *ou* branchage.
Θάλπω, couve, échauffe, entretient.
Θαμὰ, fréquemment, *d'*ἅμα *vient.*
Θάμβος, l'horreur qui nous étonne.
Θάμνος, plant d'arbrisseaux *te donne.*
Θάπτειν, enterre, ensevelit.
Θάρσος, cœur ferme *et* ferme esprit.

LXXV.

Θαυμάζω, prise, estime, admire.
Θεᾶσθαι, contempler *veut dire.*
Θείνω, frapper, *en vers se lit.*
Θέλγω, touche, attire, adoucit.
Θέμηλον, fondement *qu'on pose.*
Θέμις, loi, droit, justice *expose.*
Θέναρ, la paume de la main.
Θεὸς, Dieu, l'Être souverain.
Θεράπων, serviteur *s'appelle.*
Θέρος, été, moisson nouvelle.

LXXVI.

Θέρω, rend chaud, panse *et* guérit.
Θεσμὸς, la loi *qu'on établit.*
Θέσπις, oracle, prophétie.
Θέω, court. Θῶς, loup *signifie.*
Θεωρὸς, contemplateur *veut.*
Θήγειν, aiguise, incite, émeut.
Θηλὴ, le bout de la mamelle.
Θῆλυς, de femme *ou* de femelle.
Θὴρ, bête farouche *ou* lion.
Θὴς, *d'un* mercenaire *est le nom.*

LXXVII.

Θησαυρὸς, trésor *représente.*
Θίασος, chœur, troupe dansante.
Θίϐη, corbeille d'osier *prend.*
Θίγω, touche, tance *ou* reprend.
Θὶν, tas, amas, *ou* bord *figure.*
Θλάω, rompt, froïsse *et* fait fracture.
Θλίϐω, presse, étreint, fait souffrir.
Θνήσκειν, ἀποθνήσκειν, mourir.
Θοίνη, festin, viande apprêtée.
Θολὸς, bourbe qu'on a troublée.

LXXVIII.

Θοὸς, vite *et* prompt *se traduit.*
Θόρυϐος, tumulte, grand bruit.
Θόρω, saute. Θραύω, fracasse.
Θράω, sied, *et* sur trône a place.
Θρέω, tempête d'un haut ton.
Θρῆνος, pleurs, lamentation.
Θρησκεύω, *bien, mal* Dieu révère.
Θρίαμϐος, triomphe *doit faire.*
Θριγκὸς, des murs le chaperon.
Θρὶξ, *des* cheveux *sera le nom.*

LXXIX.

Θρόμβος, amas, grumeau *figure.*
Θρύλλος, son, bruit, rumeur, murmure.
Θρύπτω, rompt; en délices vit.
Θρώσκω, *pour* sauter *sera dit.*
Θυγάτηρ, la fille *s'appelle.*
Θύελλα, tempête cruelle.
Θυμιᾶν, encense, offre odeur.
Θύλακος, sac. Θυμὸς, grand cœur.
Θύρα, porte *en français veut dire.*
Θυρεὸς, bouclier *s'en tire.*

LXXX.

Θύειν, immoler, se ruer.
Θυσία, victime à tuer.
Θῶ, trait, nourrit; court; punit, pose.
Θωὴ, l'amende *qu'on impose.*
Θωμίζω, de cordes liera.
Θώπτω, flatte, *et puis* raillera.
Θὼψ, flatteur, *faussement t'admire.*
Θώραξ, la poitrine *veut dire.*
Θώρηξις, vin *pour conforter.*
Θωΰσσω, crier, tempêter.

LXXXI.

I, dix *au nombre signifie.*
Ἰαίνω, chauffe *et* liquéfie.
Ἰάλλω, jette, frappe, étend.
Ἴαμϐος, pied d'un vers mordant.
Ἰᾶσθαι, guérit, panse *et* traite.
Ἰάπτω, blesse, nuit *et* jette.
Ἰαύω, s'amuse, est dormant.
Ἰάχω, fait bruit en criant.
Ἴδιος, propre, à soi, *s'explique.*
Ἰδνόω, courbe *et* rend oblique.

LXXXII.

Ἶδος, ἱδρὼς, sueur *se dit.*
Ἱδρύω, fait seoir, affermit.
Ἱέραξ, faucon, *ou semblable.*
Ἱερὸς, saint, inviolable.
Ἵζω, faire asseoir *marquera.*
Ἰθὺς, droit, juste, *et* long *sera.*
Ἱκανὸς, *est* propre, *est* capable.
Ἱκέτης, supplie en coupable.
Ἰκμὰς, humeur, vapeur *se rend.*
Ἱκνεῖσθαι, vient, est suppliant.

LXXXIII.

Ἵκω, vient. Ἴκτερος, jaunisse.
Ἱλᾷν, est gai, doux *et* propice.
Ἰλλὸς, l'œil; ἴλλω, tournoyer.
Ἰλὺς, lie, ordure *et* bourbier.
Ἱμὰς, lanière *dont on fouette.*
Ἱμείρω, désire *et* souhaite.
Ἰνέω, purge un corps replet.
Ἰξὸς, glu, *aux oiseaux lacet.*
Ἴον, *la douce* violette.
Ἰὸς, venin; *tout* trait qu'on jette.

LXXXIV.

Ἵππος, cheval; *Philippe en vient.*
Ἵπταμαι, vole, en l'air se tient.
Ἴπτω, blesse, nuit, est funeste.
Ἶρις, herbe, oiseau, l'arc céleste.
Ἲς, fibre *ou* nerf; ἶνις, enfant.
Ἴσημι, connaît, est savant.
Ἰσθμὸς, isthme, langue de terre.
Ἴσος, égal, pareil *doit faire.*
Ἵστημι, met, pose, établit.
Ἵστωρ, habile, histoire écrit.

LXXXV.

Ἴσχις, cuisse, *ou* les reins *figure*.
Ἰσχνὸς, maigre, *ou corps* sans charnure.
Ἰσχὺς, force; ἰσχυρὸς, puissant.
Ἰτέα, saule *tôt naissant*.
Ἴτης, hardi, plein d'insolence.
Ἴτυς, rondeur, circonférence.
Ἶφι, de grand cœur, fortement
Ἰχθὺς, *pour* un poisson *se prend*.
Ἴχνος, trace du pied, la plante.
Ἰχὼρ, sang aqueux *représente*.

LXXXVI.

Κάππα, *pour* vingt *au nombre est pris*.
Καγχάζειν, excède en son ris,
Κάδος, baril, seau, cruche *encore*.
Κάζειν, orne, embellit, décore.
Καθαίρω, je rends pur *et* net.
Καινὸς, récent, nouveau *se met*.
Καίνω, tue, *et* καινὶς, tuerie.
Καιρὸς, temps propre *signifie*.
Καίω, brûle; καῦμα, chaleur.
Κακὸς, méchant, lâche *et* sans cœur.

LXXXVII.

Κάλαθος, un panier *doit faire*.
Κάλαμος, la canne *légère*.
Καλεῖν, appelle, implore *aussi*.
Κᾶλον, bois; *et* καλιὰ, nid.
Καλὸς, beau, bon, brave *s'expose*.
Καλύπτω, couvre; *et* κάλυξ, rose.
Κάλως, câble *pour ancre ou mâts*.
Κάμαξ, bois, pieu, perche, échalas.
Κάμηλος, chameau *représente*.
Κάμινος, fourneau, flamme ardente.

LXXXVIII.

Κάμνω, peine, est las, abattu.
Κάμπτω, fait courber, rend tortu.
Κάνης, corbeille, *ou chose telle*.
Κάνθαρος, escarbot *s'appelle*.
Κανὼν, canon, règle, décret.
Κάπηλος, trafiqueur *se met*.
Καπνὸς, fumée *a pour partage*.
Κάπρος, le sanglier *sauvage*.
Κάπτειν, engloutir, dévorer.
Κάψα, cassette *à tout serrer*.

LXXXIX.

Καρδία, cœur, *le corps anime*.
Κάρηνον, κάρη, tête *exprime*.
Καρκαίρω, renvoyer le son.
Καρκίνος, *cancer*, mal, poisson.
Κάρος, sommeil, *assoupit l'homme*.
Καρπὸς, fruit, *comme poire ou pomme*.
Κάρσιος, oblique *ici vois*.
Κάρφω, sèche. Κάρυον, noix.
Καρχήσιον, la hune, *ou* tasse.
Κασσίτερος, *pour l'*étain *passe*.

XC.

Κασσύω, ravaude *et* recoud.
Καυλὸς, tige d'herbe *ou* de chou.
Καυχάομαι, se glorifie.
Κέαρ, κῆρ, le cœur *signifie*.
Κέγχρος, graine *ou* millet *se rend*.
Κεῖμαι, gît, est posé, dépend.
Κείρω, tond; κόρση, chevelure.
Κέλαδος, bruit *ou* son *figure*.
Κελαρύζω, coule avec bruit.
Κέλευθος, chemin *se traduit*.

XCI.

Κέλης, sauteur, cheval de guerre.
Κέλλω, vient au port *et* prend terre.
Κέλω, commande, exhorte, induit.
Κενὸς, *ou* vide, *ou* vain *se dit.*
Κεντέω, *fait* κέντρον, *et* pique.
Κέραμος, terre à pots *s'explique.*
Κεράννυμι, *l'eau* mêle *au vin.*
Κέρας, corne; *et* Κέρδος, le gain.
Κεραυνὸς, foudre *que Dieu jette.*
Κέρκος, queue; *et* Κερκὶς, navette.

XCII.

Κεύθω, cache, met à quartier.
Κεφαλὴ, tête *et* l'homme entier.
Κέω, fendre *avec violence.*
Κῆδος, soin, deuil, mal, alliance.
Κηλεῖν, charme, attire, est trompeur.
Κηλὶς, tache; *et* Κήλη, tumeur.
Κημὸς, frein. Κῆπος, jardin *donne.*
Κὴρ, sort. Κηρὸς, cire *s'ordonne.*
Κήρυξ, héraut *s'expliquera.*
Κῆτος, baleine *on traduira.*

XCIII.

Κηφὴν, bourdon, *gronde et murmure.*
Κίβδηλος, faux, qu'on dénature.
Κιβωτὸς, coffre, arche *ou* coffret.
Κίδαρις, *pour* tiare *on met.*
Κιδάφη, renard *ou* finesse.
Κιθάρα, harpe *enchanteresse.*
Κίκιννος, des cheveux frisés.
Κίκυς, force *vous traduirez.*
Κινάβρα, *marque* odeur puante.
Κίνδυνος, péril *représente.*

XCIV.

Κινέω, mouvoir, agiter.
Κινύρομαι, se lamenter.
Κίρκος, cercle ; *et* Κίς, ver, *dévore.*
Κίσσα, pie ; *et* dégoût *encore.*
Κισσὸς, *est* le lierre *rampant.*
Κιχέω, trouve, atteint, comprend.
Κίχλη, grive ; *et* Κίων, colonne.
Κίω, marcher, sauter *te donne.*
Κλάδος, rameau. Κλάζω, fait bruit.
Κλαίω, pleure, *et* κλαῦμα *produit.*

XCV.

Κλᾷν, briser, rompre *signifie.*
Κλείω, ferme à clé, glorifie.
Κλέπτω, dérobe, est fin, secret.
Κλῆμα, pampre *en la vigne fait.*
Κλῆρος, sort, partage, héritage.
Κλίβανος, four, *pour le ménage.*
Κλίμαξ, degrés. Κλόνος, grand bruit.
Κλίνειν, pencher, *et* κλίνη, lit.
Κλύζειν, lave, *et clystère exprime.*
Κλύειν, écoute, est dans l'estime.

XCVI.

Κλώθω, filer. Κλὼν, rejeton.
Κνάπτω, carder drap *en foulon.*
Κνάω, gratte, frotte, égratigne.
Κνέφας, les ténèbres *désigne.*
Κνήμη, cuisse, *et* κνημὸς, hauteur.
Κνίσσα, de chair qu'on brûle odeur.
Κνώδαλον, bête, insecte *expose.*
Κόβαλος, fin, qui flatte, impose.
Κοῖλος, concave *ou* creux *se rend.*
Κοιλία, *pour* ventre *se prend.*

XCVII.

Κοιμᾷν, couche *et* fait dormir *l'homme*.
Κοινὸς, commun, impur *se nomme*.
Κοίρανος, prince *et* souverain.
Κοίτη, lit ; *et* Κόκκος, un grain.
Κολάζω, punit *et* châtie.
Κόλαξ, un flatteur *signifie*.
Κολάπτω, frappe, incise *et* bat.
Κολετρᾷν, foule aux pieds *ou* bat.
Κόλλα, de la colle *veut dire*.
Κολλύριον, onguent, collyre.

XCVIII.

Κόλλυϐος, monnaie *on traduit*.
Κολοιὸς, geai ; κολῳὸς, bruit.
Κόλον, viande ; εὔκολος, commode.
Κολοσσὸς, colosse *de Rhode*.
Κολούω, coupe bras *ou* main.
Κολοφὼν, le haut. Κόλπος, sein.
Κολυμϐᾷν, dans l'eau plonge *et* nage.
Κολωνὸς, tertre *a pour partage*.
Κόμϐος, nœud, houppe *et* bourse *est dit*.
Κομεῖν, a soin, orne *et* nourrit.

XCIX.

Κόμη, cheveux, tête ajustée.
Κομμὸς, fard, parure affectée.
Κόμπος, bruit, discours insolent.
Κομψὸς, beau, joli, fin, plaisant.
Κόναβος, bruit *ou* son *figure*.
Κόνδυλος, le poing, nœud, jointure.
Κονεῖν, court, sert, *et* diacre *fait*.
Κόνις, *pour* poussière *se met*.
Κοντὸς, croc qui conduit la barque.
Κόπρος, fumier, excréments *marque*.

C.

Κόπτω, couper, battre *et* blesser.
Κόραξ, corbeau, *sait croasser*.
Κορεῖν, tient propre *et* rassasie.
Κόρθυς, tertre, amas *signifie*.
Κόρις, punaise *et* ver puant.
Κόρυζα, rhume, orgueil *on prend*.
Κόρυμβος, rameau, tige, *et* faîte.
Κόρυς, casque *à couvrir la tête*.
Κορύνη, *pour* massue *on met*.
Κορυφὴ, le haut, le sommet.

CI.

Κορώνη, corneille *ou* couronne.
Κόσκινον, crible *ou* poule *donne*.
Κόσμος, ordre, monde, ornement.
Κότινος, olivier *non franc*.
Κότος, rancune, *âpre et cruelle*.
Κοτύλη, cave *et* creux, écuelle.
Κοῦφος, léger, languissant, vain.
Κόφινος, panier, mannequin.
Κόχλαξ, *ou* gravier, *ou* pierrette.
Κόχλω, tournoyer *s'interprète*.

CII.

Κράδη, croc, de figuier rameau.
Κράζω, fait bruit, crie *en corbeau*.
Κραίνειν, règne, achève, a l'empire.
Κραιπάλη, crapule *veut dire*.
Κραιπνὸς, prompt. Κραῖρα, tête *et* haut.
Κράμβη, chou. Κράμβος, sec *et* chaud.
Κράτος, force, pouvoir, puissance.
Καρτερεῖν, avoir patience.
Κρέκω, touche instrument, fait bruit.
Κρεμᾷν, suspendre *se traduit*.

CIII.

Κρέμβαλον, hochet *ou* sonnette.
Κρήδεμνον, voile *et* bandelette.
Κρημνὸς, précipices, lieux hauts.
Κρήνη, fontaine, source d'eaux.
Κρηπὶς, base *et* fondement *donne*.
Κριθὴ, l'orge ; *et* Κρίζω, résonne.
Κρίμνον, *est* le son *au bluteau*.
Κρίνον, le lis, *à l'œil si beau*.
Κρίνω, juge, élit, combat, pense.
Κρίσις, jugement *et* sentence.

CIV.

Κριός, *est le nom d'un* bélier.
Κρόκη, trame, *et* sable *ou* gravier.
Κρόκος, safran jaune *dénote*.
Κρόνος, Saturne, *ou* qui radote.
Κροσσὸς, bord *ou* frange *on traduit*.
Κρόταφος, tempe ; *et* Κρότος, bruit.
Κρουνὸς, fontaine d'eau saillante.
Κρούω, touche *et* son *représente*.
Κρύος, glace, *ou* grand froid ; horreur.
Κρύπτω, cache, *et* cèle *en son cœur*.

CV.

Κρύσταλλος, du cristal *ou* glace.
Κρωσσὸς, pot; *et* Κρώζω, croasse.
Κτᾶσθαι, posséder, acquérir.
Κτείνω, tuer, faire mourir.
Κτεὶς, un peigne *à peigner la tête.*
Κτῆνος, le bétail, une bête.
Κτέρεα, funérailles *dit.*
Κτίζω, bâtit, crée, établit.
Κτίλος, bélier. Κύαθος, tasse.
Κύαμος, *pour* la fève *passe.*

CVI.

Κύανος, bleuâtre *en couleur.*
Κυβερνᾷν, gouverne, est recteur.
Κύβη, la tête *représente.*
Κύβηλις, la hache *tranchante.*
Κύβος, *pour* cube *ou* dé *se prend.*
Κυδοιμὸς, trouble *et* mouvement.
Κῦδος, gloire, honneur; infamie.
Κυκᾷν, mêle *et* liqueurs allie.
Κύκλος, *pour* cercle *tu mettras.*
Κυλίω, rouler *haut et bas.*

CVII.

Κυλλὸς, boiteux. Κῦμα, flot *marque.*
Κύμϐος, cavité ; κύμϐη, barque.
Κυπάρισσος, cyprès *sera.*
Κύπτω, tête en bas baissera.
Κῦρος, *est* l'autorité pleine.
Κύριος, maître. -ία, domaine.
Κυρτὸς, courbé, bossu, penchant.
Κύρω, trouve par incident.
Κύστις, *s'appelle* une vessie.
Κύτος, cavité *signifie.*

CVIII.

Κυψέλη, ruche *à miel serrer.*
Κύειν, être enceinte *et* porter.
Κύων, chien, cynique *s'en tire.*
Κώδων, cloche, *ou* causeur *veut dire.*
Κώθων, pot, festin de buveurs.
Κωκύω, lamente, est en pleurs
Κῶλον, membre, intestin *s explique.*
Κωλικὸς, sujet à colique.
Κωλύειν, empêche, défend.
Κωλώτης, un lézard *se rend.*

CIX.

Κῶμα, sommeil dur, léthargique.
Κῶμος, luxe, excès impudique.
Κώμη, rue *ou* village *on dit*.
Κῶνος, cône *en pointe finit*.
Κώνωψ, mouche, *fait* conopée.
Κώπη, rame *en l'onde occupée*.
Κώρυκος, *d'un* sac *est le nom*.
Κῶς, peau, de brebis la toison.
Κωτίλλω, cause, dit sornette.
Κωφὸς, sourd *ou* sot *s'interprète*.

CX.

Λ, *en chiffre pour* trente *on prend*.
Λᾶας, pierre; *et* Λάϐρος, gourmand.
Λάγηνος, pot, bouteille antique.
Λάγνης, lâche, infâme, impudique.
Λαγχάνω, par le sort obtient.
Λῆξις, lot; λόγχη, lance *en vient*.
Λαγὼν, flanc; λαγαρὸς, mou, vide.
Λαγωὸς, le lièvre *timide*.
Λάζομαι, se saisit *et* prend.
Λαίλαψ, un tourbillon, grand vent.

CXI.

Λαιμὸς, gosier, faim sans mesure.
Λαιὸς, gauche *et* non droit *figure.*
Λάκκος, *ou* fosse, *ou* puits *se rend.*
Λαλεῖν, parle *et* cause souvent.
Λαμβάνω, recevoir *et* prendre.
Εὐλαβὴς, pieux *doit s'entendre.*
Λάμπω, luit, brille, *et* lampe *fait.*
Λαμυρὸς, joli, dameret.
Λὰξ, du talon; λακτίζω, rue.
Λαὸς, peuple, *est souvent bien grue.*

CXII.

Λαπίζω, parle insolemment.
Λάπτω, laper avidement.
Λαπάζω, tout vider *doit faire.*
Λαρινὸς, gras, doux, qui sait plaire.
Λάρναξ, coffre, arche. Λαρὸς, doux.
Λάρυγξ, gosier, devant du cou.
Λάσιος, hérissé *veut dire.*
Λάσκειν, parle, *et souvent* déchire.
Λάτρις, esclave *et* serviteur.
Λατρεύειν, être adorateur.

CXIII.

Λαῦρος, grand, large, *et* λαῦρα, place.
Λαφύσσω, mange, tout fricasse.
Λαχαίνω, fouit; λάχανον *fait*.
Λάχνη, *marque* le poil follet.
Λάω, voit, jouit de la chose.
Λαύω, *de* λάω *se compose*.
Λέγω, dit, parle, enjoint, unit.
Λεία, proie *ou* corps qu'on ravit.
Λείβειν, offre, épand, sacrifie.
Λειμὼν, le vert pré *signifie*.

CXIV.

Λεῖος, uni, *non raboteux*.
Λείπω, laisse, est défectueux.
Λείχω, lèche; *et* λιχμῶ *s'en tire*.
Λέκιθος, jaune d'œuf *veut dire*.
Λέμβος, *pour* brigantin *se met*.
Λεπρὸς, rude, âpre, *lèpre fait*.
Λεπτὸς, mince *et* tendre *s'appelle*.
Λέπειν, ôte l'écorce *et* pèle.
Λέσχη, vain, frivole entretien.
Ἀδόλεσχος, diseur de rien.

CXV.

Λευκὸς, blanc. Λέχριος, oblique.
Λεύσσω, voit, *mais est poétique.*
Λέων, *l'intrépide* lion.
Λήγω, cesse, est sans action.
Λήθειν, est caché, cèle, oublie.
Λήϊον, le blé *signifie.*
Ληκεῖν, fait bruit, craque en rompant.
Λήκυθος, burette, ornement.
Λῆμα, fermeté généreuse.
Λήμη, d'œil l'humeur chassieuse.

CXVI.

Λημνίσκος, rubans colorés.
Ληνὸς, pressoir, creux dans les prés.
Λῆρος, sottise, niaiserie.
Λιάζω, court, fait brouillerie.
Λίβανος, l'encens *qui sent bon.*
Λίγγω, fait bruit clair *ou* doux son.
Λίγδην, à fleur. Λιγνὺς, la suie.
Λίθος, pierre, âme abâtardie.
Λιλαίομαι, veut. Λικμὸς, van.
Λιμὴν, port. Λίμνη, lac, étang.

CXVII.

Λιμὸς, faim, la famine *triste*.
Λιπαρὴς, qui presse *et* persiste.
Λίπος, graisse; *et* λιπαρὸς, gras.
Λίπτω, souhaite *n'ayant pas*.
Λίσσομαι, λίττομαι, supplie.
Λισσὸς, lisse, à surface unie.
Λιτὸς, vil. Λίτρα, livre *on prend*.
Λιχανὸς, le doigt tout montrant.
Λοϐὸς, *est* le bout de l'oreille.
Λοιγὸς, mort; mal *grand à merveille*.

CXVIII.

Λοίδορος, *est* un médisant.
Λοιμὸς, peste; homme pestilent.
Λοίσθιος, le dernier *s'explique*.
Λοξὸς, tortu, non droit, oblique.
Λούω, laver; λουτὴρ, bassin.
Λόφος, cou, colline, *ou* le crin.
Λόχος, embûche, troupe en guerre.
Λύγη, ténèbres. Λύγδος, pierre.
Λυγρὸς, fâcheux. Λύγος, osier.
Λύζω, sangloter *et* crier.

CXIX.

Λύκος, loup. Λύθρον, sang, poussière.
Λῦμα, l'ordure *à mettre arrière.*
Λύμη, mal, peste, grand malheur.
Λύπη, peine d'esprit, douleur.
Λύσσα, la rage. Λύρα, lyre.
Λύχνος, lampe *ou* clarté *veut dire.*
Λύω, délie, ôte, affranchit.
Λῶ, veut; λῴων, meilleur *est dit.*
Λώϐη, tache, injure sensible.
Λωφᾷν, respire *et* rend paisible.

CXX.

M, *pour* quarante *au nombre on prend.*
Μάγγανον, fourbe, enchantement.
Μάγειρος, cuisinier *s'explique.*
Μάγος, savant dans l'art magique.
Μάγνης, de l'aimant *se traduit.*
Μαδὸς, sans poil. Μᾴζα, biscuit.
Μαζὸς, la mamelle *doit faire.*
Μαῖα, sage-femme *ou* grand'mère.
Μαίνομαι, se mettre en fureur.
Δοξομανὴς, *est* fou d'honneur.

CXXI.

Μάκαρ, μάκαρς, heureux *veut dire*.
Μαλάσσω, mollit; μάλθα, cire.
Μάλη, *pour* l'aisselle *se prend*.
Μάλκη, froid, engourdissement.
Μαλλός, laine *ou* long poil *doit faire*.
Μαλὸς, tendre; *et* Μάμμη, grand'mère.
Μανδάκη, le cuir *ou* la peau.
Μάνδρα, parc, l'étable *au troupeau*.
Μανθάνειν, apprend, étudie.
Μανὸς, large *et* clair *signifie*.

CXXII.

Μάντις, un devin *qui prédit*.
Μαραίνω, dépare *et* flétrit.
Μάργος, fou, tête écervelée.
Στόμαργος,, langue débordée.
Μάρη, main, εὐμαρὴς *produit*.
Μαρμαίρω, rayonne *et* reluit.
Μάρναμαι, combat. Μάρπτω, prendre.
Μάρσυπος, bourse *se doit rendre*.
Μάρτυρ, un témoin, un martyr.
Μασᾶσθαι, manger, engloutir.

CXXIII.

Μάσσω, pétrit, essuie, exprime.
Μάστιξ, fouet, peine pour le crime.
Μαστεύω, cherche avec désir.
Μαστρωπὸς, attire au plaisir.
Μασχάλη, l'aisselle *on expose*.
Μάτην, Μὰψ, en vain *et* sans cause.
Μάχλος, lascif, incontinent.
Μάχομαι, combat vivement.
Μάω, veut, cherche *et* met en peine.
Μεγαίρω, porte envie *ou* haine.

CXXIV.

Μέγας, grand ; μέγεθος, grandeur.
Μέδω, commande, est empereur.
Μέθυ, vin, *d'où* μέθη *se tire*.
Μειδᾷν, *est* doucement sourire.
Μειλίσσειν, est doux, attrayant.
Μεῖραξ, jeune homme *ou* jeune enfant.
Μείρω, partage, acquiert *ou* prive.
Μοῖρα, sort, destin *s'en dérive*
Μείων, *est* moindre, inférieur.
Μέλας, noir ; μελασμὸς, noirceur.

CXXV.

Μέλδω, fait bouillir, liquéfie.
Μέλεος, vain, sot *signifie.*
Μελεδαίνω, Μέλει, soigner.
Μελετᾷν, penser, s'exercer.
Μέλι, le miel, *doux à la bouche.*
Μέλισσα, mellifique mouche.
Μελία, frêne, *arbre à darder.*
Μέλλειν, devoir être, *ou* tarder.
Μέλος, membre, vers, mélodie.
Μέλπω, chante hymne *et* versifie.

CXXVI.

Μέμφομαι, se plaint, *et* reprend.
Μένος, l'âme *et* son mouvement.
Μένω, demeure, attend *et* dure.
Μέρδω, prive *ou* voit, fait injure.
Μέριμνα, *pour* le soin *se dit.*
Μερμαίρω, se tendre l'esprit.
Μέσος, milieu, neutre *nous forge.*
Μεστὸς, plein, rempli, qui regorge.
Μετέωρος, haut, élevé.
Μέτρον, mesure *et* vers nombré.

CXXVII.

Μήδομαι, médite *et* s'applique.
Μηδικός (de Μῆδος), médique.
Μηκάομαι, s'en va bêlant.
Μῆκος, longueur. Μακρὸς, long, grand.
Μήκων, pavot, *fait dormir l'homme.*
Μηλέα, pommier; μῆλον, pomme.
Μὴν, mois. Μήνη, lune *reluit.*
Νεομηνία, *s'en produit.*
Μῆνις, la colère envieillie.
Μηνύειν, apprend, certifie.

CXXVIII.

Μηρὸς, la cuisse *marquera.*
Μηρύω, tourne *et* filera.
Μήτηρ, mère, *aime avec tendresse.*
Μῆτις, le conseil, la sagesse.
Μηχανὴ, machine *et* l'art *fait.*
Ἀμήχανος, est au rouet[1].
Μιαίνω, gâte avec souillure.
Μίγνυμι, mêler *te figure.*
Μικρὸς, petit, de peu de nom.
Μίλτος, *marque* le vermillon.

[1] Est embarrassé, à bout d'expédients.

CXXIX.

Μιμεῖσθαι, contrefait, imite.
Μισθὸς, loyer, prix du mérite.
Μινυὸς, μινυρὸς, petit.
Μινύθω, décroît, affaiblit.
Μῖσος, la haine *on doit traduire*.
Μιστύλλειν, en pièces déchire.
Μίτος, trame du tisserand.
Μίτρα, la ceinture *ou* turban.
Μνᾶσθαι, se souvient, recommande.
Μνηστὴρ, une épouse demande.

CXXX.

Μόγος, travail, affliction.
Μόθαξ, serf né dans la maison.
Μόθος, Μόλος, travail *doit faire*.
Μοιχὸς, impudique, adultère.
Μολγὸς, sac de cuir *marquera*.
Μολέω, μολίσκω, vient, va.
Μόλιβδος, *pour* le plomb *s'usite*.
Μολοβρὸς, gourmand, parasite.
Μολύνω, gâter, souiller *prend*.
Μόνος, seul ; μόνον, seulement.

CXXXI.

Μορμύρω, fait bruit *et* murmure.
Μορμὼ, marmot, spectre, figure.
Μορύσσω, rend sale, infecté.
Μορφὴ, forme, mine *et* beauté.
Μόσσυν, rempart, tour *signifie.*
Μόσχος, neuf, veau. Μοτὸς, charpie.
Μοῦσα, muse, *chante des vers.*
Μουσικὴ, musique, *art des airs.*
Μόχθος, travail, misère *encore.*
Μυδάζομαι, rejette, abhorre.

CXXXII.

Μυδᾷν, moisir. -δρος, fer brûlant.
Μυελὸς, *pour* la moelle *on prend.*
Μυεῖν, choses saintes explique.
Μύστης, aux mystères s'applique.
Μύζω, se plaint, suce, *et* gémit.
Μῦθος, fable ; ce que l'on dit.
Μυῖα, la mouche, *à tout s'attache.*
Μυκάω, meugle *en bœuf ou vache.*
Μύκης, *le trompeur* champignon.
Μυκτὴρ, nez, *aime à sentir bon.*

CXXXIII.

Μύλη, meule à moudre *désigne*.
Μυλλὸς, tortu, louche, œil qui guigne.
Μύνομαι, prétexter *est mis*.
Μύξα, morve; *et* Μύρμοι, fourmis.
Μυρίος, sans nombre; dix mille.
Μύρον, parfum de baume *ou* d'huile
Μύρτος, μυρσίνη, myrte *on rend*.
Μύρω, distille, coule, épand.
Μῦς, souris, *au lard formidable*.
Μῦσος, crime horrible, exécrable.

CXXXIV.

Μύσσω, *pour* moucher nez *se met*.
Μυχὸς, le lieu le plus secret.
Μύω, fermer, taire, *désigne*.
Σκαρδαμύσσω, l'œil souvent cligne.
Μωκὸς, moqueur; μωκᾷν, moquer.
Μῶλος, tumulte *doit marquer*.
Μῶλυς, sot, lâche, âme hébétée.
Μώλωψ, des coups trace restée.
Μῶμος, blâme, opprobre infamant.
Μωρὸς, fat, sans entendement.

CXXXV.

N, cinquante. Ναίειν, habite.
Νάειν, *pour* s'écouler *s'usite*.
Νάκος, toison. Νάννος, un nain.
Ναὸς, un temple, un lieu divin.
Νάπος, forêt, grand bois *s'explique*.
Νᾶπυ, moutarde *en langue attique*.
Νάρθηξ, *pour* férule *se dit*.
Νάρκη, la torpille *engourdit*.
Νάσσειν, aplanit *et* rabote.
Ναῦς, vaisseau; ναύτης, le pilote.

CXXXVI.

Νεϐρὸς, un faon. Νεκρὸς, un mort.
Νεῖκος, dispute, *à droit, à tort*.
Νεμεσᾷν, justement s'indigne.
Νέννος, oncle, *ou* sot *te désigne*.
Νέμω, donne, habite, est recteur.
Νομεὺς, dispensateur, pasteur.
Νέος, nouveau, dans le jeune âge.
Νεάζειν, en jeune homme est sage.
Νεοσσὸς, poussin, le petit.
Νεῦρον, nerf *ou* force *se dit*.

CXXXVII.

Νεύω, tend, penche, accorde, incline.
Νέφος, la nuée *argentine*.
Νεφρὸς, reins, néphrétique *en vient*.
Νέω, nage, file, *et* va, vient.
Νηδὺς, ventre *et* sein de la mère.
Νήπιος, enfant, sot *doit faire*.
Νῆσος, *pour* île *sera mis*.
Νῆστις, à jeun, qui n'a rien pris.
Νῆσσα, cane, *ou* canard *qui nage*.
Νήφω, veille; est sobre *et* bien sage.

CXXXVIII.

Νικᾷν, surmonte, est le vainqueur.
Νίπτω, lave, ôte la noirceur.
Νίφω, neiger, mouiller *exprime*.
Νόθος, bâtard, illégitime.
Νόμος, loi, coutume, airs *ou* chants.
Νόος, νοῦς, esprit, conseil, sens.
Νόσος, *ou* vice, *ou* maladie.
Νοστεῖν, retourner *signifie*.
Νόσφιν, à part, séparément.
Νοτὶς, humidité *l'on rend*.

CXXXIX.

Νότος, vent du midi *s'appelle.*
Νύμφη, bru, l'épouse nouvelle.
Νὺξ, la nuit; νύκτωρ, nuitamment.
Νύσσω, pique *et* blesse en perçant.
Νυὸς, femme du fils, du frère.
Νυστάζω, sommeiller *doit faire.*
Νώγαλα, tout mets doux, friand.
Νωθὴς, tardif, stupide *et* lent.
Νωλεμὴς, assidu, de suite.
Νῶτος, dos; νωτίζω, prend fuite.

CXL.

Ξ, *pour* soixante *on écrira.*
Ξαίνω, carde, déchirera.
Ξανθὸς, jaune, roux, *couleur telle.*
Ξένος, hôte, étranger *s'appelle.*
Ξέω, racle *et* taille en gravant.
Ξύειν, *en vient, qui* ξύσμα *prend.*
Ξηρὸς, *est* tout sec, tout aride.
Ξίφος, une épée *homicide.*
Ξύλον, bois *doit signifier.*
Ξυνὸς, commun, non singulier.

CXLI.

O, *se doit compter pour* septante.
Ὀβελὸς, la broche *tournante.*
Ὀβολὸς, *d'*obole *est le nom.*
Ὀγκᾶσθαι, brait comme un ânon.
Ὄγκος, tumeur, poids, vaine enflure.
Ὁδὸς, voie *et* chemin figure.
Ὀδύνη, douleur. Ὀδοὺς, dent.
Ὀδύρομαι, crie en pleurant.
Ὄζος, nœud d'arbre *et* branche *donne.*
Ὄζω, sent odeur *forte ou bonne.*

CXLII.

Οἴ, *fait* οἰμώζω, lamenter.
Οἴαξ, gouvernail *doit marquer.*
Οἴγειν, ouvre *porte et serrure.*
Οἰδᾷν, s'enfle; οἴδημα, l'enflure.
Ὀϊζὺς, fâcheux accident.
Οἶκος, maisons, biens, bâtiment.
Οἶκτος, compassion *veut dire.*
Οἴμη, chemin; οἰμᾷν *s'en tire.*
Οἶνος, vin. Οἶος, seul *se met.*
Οἷος, quel. Ὄϊς, brebis *fait.*

CXLIII.

Οἶστρος, fureur ; le taon *qui pique.*
Οἶτος, mort, misère *s'explique.*
Οἴχομαι, va, fuit, disparaît.
Οἰχνεῖν, aller, errer *en naît.*
Οἴω, pense, croit, soupçonne.
Οἰωνὸς, augure, oiseau *donne.*
Ὀκλάζω, se mettre à genoux.
Ὀκρίϐας, lieu haut *vu de tous.*
Ὄκνος, la crainte *et* la paresse.
Ὄλϐος, bonheur, biens *et* richesse.

CXLIV.

Ὀλίγος, peu *tu traduiras.*
Ὄλισθος, chute *ou* mauvais pas.
Ὄλλυμι, tuer, perdre *ou* nuire.
Ὀλολύζω, crie *et* soupire.
Ὅλος, tout. Ὀλόπτω, pincer.
Ὀλοφύρομαι, lamenter.
Ὁμαλὸς, plat, surface unie.
Ὅμηρος, otage. Ὄμϐρος, pluie.
Ὅμιλος, assemblée *on rend.*
Ὁμιλεῖν, parle *en conversant.*

CXLV.

Ὁμίχλη, nuage *figure*.
Ὄμνυμι, *comme* ὀμόω, jure.
Ὁμὸς, pareil; ὁμοῦν, unit.
Ὀμφαλὸς, le nombril *est dit*.
Ὀμόργνυμι, nettoie, imprime.
Ὄμφαξ, le raisin vert *exprime*.
Ὀμφὴ, voix, oracle divin.
Ὄναρ, sommeil *ou* songe vain.
Ὄνειδος, un reproche infâme.
Ὄνημι, sert, donne aide, *et* blâme.

CXLVI.

Ὄνθος, *des bœufs* le fumier *gras*.
Ὄνομα, le nom *tu diras*.
Ὄνος, l'âne *qui si bien chante*.
Ὄνυξ, l'ongle *te représente*.
Ὀξὺς, aigre, aigu, vite *on rend*.
Ὀπάζω, suit, donne, est suivant.
Ὀπὴ, trou *marque, ou telle chose*.
Ὄπις, vengeance *ou* soin *s'expose*.
Ὀπίσω, derrière *se prend*.
Ὅπλον, arme *et tout* instrument.

CXLVII.

Ὀπὸς, suc que d'un arbre on tire.
Ὀπτᾷν, fait rôtir *ou* fait cuire.
Ὄπτομαι, voir *signifiera*.
Ὀφθαλμὸς, ὢψ, ὠπὴ, *fera*.
Ὀπώρα, l'automne *doit faire*.
Ὁρᾷν, voit, pèse *et* considère.
Τιμωρεῖν, *en vient, qui* punit.
Ὄργανον, *pour* organe *on lit*.
Ὀργὴ, la colère *veut dire*.
Ὀργᾷν, avec ardeur désire.

CXLVIII.

Ὀρέγω, présente, offre, étend.
Ὄρεξις, l'appétit *se rend*.
Ὀρθὸς, droit; ὀρθῶ, met droiture.
Ὄρθρος, point du jour *te figure*.
Ὅρκος, jurement *et* serment.
Ὁρμαθὸς, ordre, enchaînement.
Ὁρμὴ, l'effort; ὁρμᾷν, se jette.
Ὅρμος, un collier *s'interprète*.
Ὄρνις, volaille, poule, oiseau.
Ὄρος, haut, montagne *ou* coteau.

CXLIX.

Ὅρος, fin, but, règle *et* manière.
Ὁρίζω, borne *l'hémisphère.*
Ὀῤῥὸς, le lait clair *se traduit.*
Ὄρτυξ, caille. Ὀρυμαγδὸς, bruit.
Ὀρύσσω, fouit, *et* creux veut faire.
Ὀρφανὸς, sans père *et* sans mère.
Ὄρφνη, ténèbres *et* noirceur.
Ὀρχεῖσθαι, sauter en danseur.
Ὄρχος, arbres en ordre *exprime.*
Ὄρω, pousse, émeut, trouble, anime.

CL.

Ὅσιος, pur, saint, juste *on rend.*
Ὄσσα, voix. Ὅσος, combien grand.
Ὀστέον, os, *qui moelle enserre.*
Ὄστρακον, vaisseau fait de terre.
Ὄστρεον, huître *et* sa couleur.
Ὀσφραίνομαι, sentir odeur.
Ὀσφὺς, reins. Ὄτοβος, bruit *porte*
Ὀτρύνω, pousse, incite, exhorte.
Οὖας, οὖς, *pour* l'oreille *on met.*
Οὖδας, terre; οὐδός, le seuil *fait.*

CLI.

Οὖθαρ, *pour* mamelle *on doit prendre.*
Οὖλος, sain, entier; frisé; tendre.
Οὐρὰ, queue; αἴλουρος, minon.
Οὐρανὸς, *du* ciel *est le nom.*
Οὖρον, l'urine *qui se jette.*
Οὖρος, bon vent; garde *interprète.*
Φρουρὸς, θυρωρὸς, *en sont pris.*
Οὐτάω, *pour* blesser *est mis.*
Ὀφείλω, devoir *signifie.*
Ὀφέλλειν, augmente, amplifie.

CLII.

Ὄφις, serpent; mal; ornement.
Ὀφρὺς, sourcil, faste insolent.
Ὀχετὸς, le canal *désigne.*
Ὀχθέω, se fâche *et* s'indigne.
Ὄχθη, bord. Ὀχλίζω, mouvoir.
Μοχλὸς, gond, levier *veut avoir.*
Ὄχλος, troupe; ennui, trouble *et* peine.
Ὄχος, le chariot *qui nous mène.*
Ὄψ, voix. Ὀψὲ, tard, hors de temps.
Ὄψον, mets, assaisonnements.

CLIII.

Π, *pour* quatre-vingts *l'on avoue*.
Παίζω, se moque, raille *et* joue.
Παῖς, enfant, esclave, valet.
Παίω, frappe *ou* prestement *fait*.
Παλάθη, le cabas de figues.
Παλάμη, paume, art, main, intrigues.
Παλεύω, trompe en alléchant.
Πάλη, lutte *ou* combat *se rend*.
Πάλλαξ, jeune, en l'adolescence.
Πάλλω, pousse, agite, émeut, lance.

CLIV.

Πάππας, papa; πάππος, aïeul.
Παπταίνω, cherche en tournant l'œil.
Παρειά, *se nomme* la joue.
Παρθένος, vierge, *à Dieu se voue*.
Πᾶς, ἅπας, tout *signifiera*.
Πάσσαλος, pieu *se traduira*.
Πάσσω, répand, diversifie.
Πάσχω, souffre, *en ses sens varie*.
Πατάσσειν, avec bruit frapper.
Πατεῖν, fouler, se promener.

CLV.

Πατὴρ, père; ἀπάτωρ, sans père.
Παύω, finit, cesse de faire.
Πάχνη, *de* gelée *est le mot.*
Παχὺς, gros, épais, riche, *et* sot.
Πάω, goûte, acquiert, *et* s'allie.
Πέδη, ceps; fer qui les pieds lie.
Πέδιλον, soulier *ou* chausson.
Πέδον, terre, logis, maison.
Πέζα, du pied la plante *exprime.*
Πείθω, fait faire, pousse, anime.

CLVI.

Πείκω, peigne *et* tond *poils trop grands.*
Πεῖνα, la faim *aux longues dents.*
Πεῖρα, dessein, épreuve *explique.*
Πειρᾷν, tente *et fait* empirique.
Πείρω, transpercer *se traduit.*
Πόρος, trajet, voie *ou* conduit.
Πέλαγος, mer, *des poissons mère.*
Πελαργὸς, cigogne, *aime père.*
Πέλας, près; πλησίος, parent.
Πέλεκυς, hache, *le bois fend.*

CLVII.

Πελεμίζειν, ébranle, agite.
Πέλμα, dessous du pied *s'usite.*
Πελλὸς, noir, brun, livide chair.
Πέλτη, dard, lance; écu léger.
Πέλωρ, monstre effroyable, énorme.
Πέμπειν, envoyer; πομπὴ *forme.*
Πέμφιξ, pustule, souffle *ou* vent.
Πενθερὸς, beau-père *se rend.*
Πένθος, deuil *pour personne chère.*
Πέντε, cinq *au nombre doit faire.*

CLVIII.

Πένομαι, se travaille, agit.
Πένης, πενιχρὸς, pauvre *est dit.*
Πέπερι, poivre, *appétit ouvre.*
Πέπλος, voile, *les femmes couvre.*
Πέπτω, digère *viande, et* cuit.
Πέρα, πέραν, outre *on traduit.*
Πέρας, fin, terme *représente.*
Περᾶν, passe; porte; offre en vente.
Πορνεύω, se prostituer.
Πέρθω, piller, rompre *et* tuer.

CLIX.

Περὶ, pour, à cause *veut dire.*
Περισσὸς, excellent *s'en tire.*
Περιστερὰ, le *doux* pigeon.
Πέρχος, noir; *et* πέρκη, poisson.
Περόνη, boucle, *dans Homère.*
Πέρπερος, léger, téméraire.
Πέρυσι, dans cet an dernier.
Πεσσὸς, dame, jeu de damier.
Πετᾷν, ouvre *et marque* étendue.
Πέτομαι, vole, court, se rue.

CLX.

Πέτρος, πέτρα, *pour* pierre *on met.*
Πεύκη, poix-résine, amer *fait.*
Πηγὴ, source, eau qui sort de terre.
Πηγνύω, fiche, assemble *et* serre.
Πηδᾷν, saute, *et* fait jaillir l'eau.
Πηδὸν, bois; rame *d'un vaisseau.*
Πήληξ, le casque *en vers figure.*
Πηλὸς, boue, *et la noire* injure.
Πῆμα, perte *et* tout ce qui nuit.
Πῆνος, toile *et* fil *on traduit.*

CLXI.

Πήρα, besace *à qui mendie.*
Πηρὸς, estropié *signifie.*
Πῆχυς, coude *ou* coudée *on dit.*
Πίδαξ, fontaine, eau qui jaillit.
Πιέζω, presse, serre, opprime.
Πικέριον, du beurre *exprime.*
Πίθηξ, singe. Πίθος, tonneau.
Πικρὸς, amer. Πῖλος, chapeau.
Πιμελὴ, la graisse *s'appelle.*
Πίναξ, table, tablette, écuelle.

CLXII.

Πίνος, *pour* crasse, ordure *est mis.*
Πίνω, boit; ποτόν *en est pris.*
Πίπτω, tombe; *et* Πίσσα, poix *donne.*
Πίτυλος, bruit *quand l'eau résonne.*
Πίτυρον, son. Πίτυς, pin *prend.*
Πίων, gras. Πλάδος, humeur *rend.*
Πλάγιος, de travers, oblique.
Πλάζω, fait errer, lunatique.
Πλάνη, l'erreur, l'égarement.
Πλάσσω, forme, enduit, fait semblant.

CLXIII.

Πλατὺς, large, ample *te figure.*
Πλέθρον, arpent, *de champ mesure.*
Πλέκειν, enlacer, joindre, unir.
Πλέος, plein; πληρόω, remplir,
Πλευρὰ, côte, *fait* pleurésie.
Πλέω, naviguer *signifie.*
Πλήσσω, frappe, *et* πλήστιγξ, un fouet.
Πλίνθος, la tuile *ou* brique *fait.*
Πλίσσω, va, marche avec adresse.
Πλοῦτος, dieu de l'argent, richesse.

CLXIV.

Πλύνω, lave; *et* πλυντὴρ, laveur.
Πνέω, souffle, exhale une odeur.
Πνίγειν, étrangle, *tant il serre.*
Πόα, l'herbe *qui croît sur terre.*
Πόθος, désirs, souhaits couverts.
Ποιῶ, fait. Ποικίλος, divers.
Ποιμὴν, pasteur; *et* Ποινὴ, peine.
Πόλεμος, la guerre *inhumaine.*
Πολεῖν, tourne, *et* pôle *en est pris.*
Πολιὸς, à poil blanc *ou* gris.

CLXV.

Πόλις, ville. Πόλτος, bouillie.
Πολὺς, maint, fréquent *signifie*.
Πόντος, mer. Ποππύζω, siffler.
Πόρπη, boucle, agrafe *à lier*.
Πόρτις, veau, génisse *meuglante*.
Πορφύρα, la pourpre *éclatante*.
Ποσειδῶν, *pour* Neptune *on prend*.
Ποταμὸς, un fleuve *ou* torrent.
Πότερος, lequel des deux? quelle?
Πότμος, sort, chose casuelle.

CLXVI.

Ποὺς, ποδὸς, pied *signifiera*.
Ποδίζω, les pieds lie, *ou* va.
Πότνιος, auguste, honorable.
Πρᾷος, doux, bon, clément, affable.
Πραπίδες, l'estomac; le cœur.
Πράσον, poireau, vert *en couleur*.
Πράσσω, fait, exige *et* pratique.
Πρέμνον, tronc, racine *s'explique*.
Πρέπειν, est beau, probe *et* séant.
Πρέσβυς, vieillard, légat *et* grand.

CLXVII.

Πρήθω, *pour* enflammer *s'usite.*
Πρηνὴς, penchant, se précipite.
Πρίασθαι, *nous marque* acheter.
Πρῖνος chêne; *et* Πρίω, scier.
Πρὸ, devant; πρωτεύω, commande.
Πρόβατον, brebis, *marche en bande.*
Προὶξ, don, noces, *et* présent.
Πρυμνὸς, dernier, poupe *et* fin *prend.*
Πρύτανις, chef, *qui doit conduire.*
Πρωΐ, πρῷ, du matin *veut dire.*

CLXVIII.

Πρώρα, proue *et* bec, pointe *ou* front.
Πτέρνα, talon; bas, pied d'un mont.
Πταίρειν, éternuer *veut dire.*
Πταίω, choppe; *et* πταῖσμα *s'en tire.*
Πτερὸν, *pour* aile *ou* rame *on met.*
Πτίσσω, pile, *et* tisane *fait.*
Πτοέειν, épouvante, étonne.
Πτύσσω, plie; *et* δίπτυχος *donne.*
Πτύω, crache; *et* Πύθω, pourrit.
Πύκα, dru. Πύλη, porte *on dit.*

CLXIX.

Πυνθάνομαι, sait *ou* demande.
Πὺξ, du poing. Πῦρ, feu, fièvre grande.
Πύργος, tour. Πυρὴν, le noyau.
Πυρὸς, froment, blé le plus beau.
Πώγων, la barbe *représente.*
Πωλεῖν, vend, monopole *enfante.*
Πῶλος, poulain; enfant; ânon.
Πῶμα, couvercle; pot; boisson.
Πωρὸς, aveugle *pourra faire.*
Ταλαίπωρος, plein de misère.

CLXX.

Ῥῶ, *dans les nombres fait* un cent.
Ῥάβδος, verge *ou* bâton *se rend.*
Ῥᾴδιος, facile *s'expose.*
Ῥαίνω, répand, asperge, arrose.
Ῥαίω, corrompt, perd *et* détruit.
Ῥάμνος, blanche épine *on traduit.*
Ῥαπὶς, verge *te représente.*
Ῥάπτω, coud, refait; maux invente.
Ῥάσσω, briser *et* renverser.
Ῥέζω, faire; *et* Ῥέγχω, ronfler.

CLXXI.

Ῥέμϐω, tourner; errer *veut dire.*
Ῥέπω, penche, incline *et* désire.
Ῥέω, coule; parle, *et* répand.
Ῥήσσω, ῥηγνύω, brise *et* fend.
Ῥῖγος, froid horrible *et* qui perce.
Ῥίζα, racine *en fruit diverse.*
Ῥικνὸς, courbé; ridé du front.
Ῥὶν, nez. Ῥινὸς, peau. Ῥίον, mont.
Ῥίνη, *pour* la lime *s'usite.*
Ῥίπτω, jette à bas, précipite.

CLXXII.

Ῥόα, grenade *et* grenadier.
Ῥόδον, rose; *et* ῥοδῆ, rosier.
Ῥόθος, bruit des flots *et* de l'onde.
Ῥοῖζος, bruit qui siffle *ou* qui gronde.
Ῥοφεῖν, absorbe, avale *l'eau.*
Ῥύγχος, le bec, mufle *ou* museau.
Ῥυθμὸς, nombre, justesse, *et* rime.
Ῥύπος, ordure, épargne *exprime.*
Ῥύω, traîne, en sûreté met.
Ῥωννύω, rend fort, Rome *fait.*

CLXXIII.

Σῖγμα, *de* deux cents *est figuré*.
Σαίρω, bouche ouvre; ôte l'ordure.
Σάλος, mer; agitation.
Σάλπιγξ, de trompette *est le nom*. [me.
Σανὶς, ais. Σὰρξ, chair, corps, tout l'hom-
Σάττω, charger bête de somme.
Σαφὴς, clair, *sans lieu d'en douter*.
Σβεννύειν, éteindre, étouffer.
Σέβω, révère, admire, adore.
Σειρὰ, chaîne *et* frein, corde *encore*.

CLXXIV.

Σείειν, ébranle, agite; induit;
Σήθω, σαίνω, σεύω, *produit*.
Σέλας, clarté, flamme *veut dire*.
Σελήνη, la lune *s'en tire*.
Σέλινον, persil *marquera*.
Σελὶς, ligne, espace *fera*.
Σεμνὸς, grave, saint, vénérable.
Σηκὸς, maison; nid; temple; étable.
Σῆμα, signe, étendard, drapeau.
Σήπω, pourrit. Σὴς, vermisseau.

CLXXV.

Σθένω, peut, a force *et* puissance.
Σιγᾷν, se tait; σιγὴ, silence.
Σιαγὼν, *pour* mâchoire *on prend.*
Σίαλον, salive *se rend.*
Σίδηρος, le fer *inflexible.*
Σικχὸς, *est* fâcheux *et* pénible.
Σίκυος, *pour* concombre *est dit.*
Σιμὸς, camus, nez trop petit.
Σίνω, nuit, blesse, *et* σίντης *forme.*
Σιπαλὸς, hideux *et* difforme.

CLXXVI.

Σῖτος, blé, pain, vivres gardés.
Σιφων, tuyau *vous traduirez.*
Σιωπᾷν, garder le silence.
Σκάζω, boite, est sot. Σκαίρω, danse.
Σκάλλω, Σκάπτω, fouir, *tous deux.*
Σκάφη, l'esquif *au ventre creux.*
Σκάριφος, pinceau, plume antique.
Σκεδᾷν, perdre, épandre *on explique.*
Σκέλλω, sèche, *et* squelette *en vient.*
Σκέλος, cuisse, *le corps soutient.*

CLXXVII.

Σκέπαρνον, la hache *doit faire.*
Σκέπτομαι, pèse *et* considère.
Σκεπῶ, couvre, munit, défend.
Σκεῦος, vase, arme, habillement.
Σκηνὴ, tente; *et* Σκήπτω, s'appuie.
Σκιὰ, l'ombre *et* mort *signifie.*
Σκῖρος, *est* du marbre un fragment.
Σκολιὸς, oblique *se rend.*
Σκόλοψ, pieu *dont la terre on perce.*
Σκορπίζω, dissipe *et* disperse.

CLXXVIII.

Σκορπίος, scorpion *produit.*
Σκότος, ténèbres, noire nuit.
Σκύβαλον, fumier; *pire* ordure.
Σκυδμαίνω, s'indigner *figure.*
Σκύλλω, *pour* donner peine *on met.*
Σκῦτος, cuir *ou* peau; tête *et* fouet.
Σκώληξ, un ver; *et* Σκύφος, verre.
Σκῶρ, excréments *qu'on cache en terre.*
Σκώπτω, railler, piquer *se dit.*
Σμαραγεῖν, fait bruit, retentit.

CLXXIX.

Σμάειν, essuyer *s'interprète.*
Σμῆνος, essaim. Σμίλη, lancette.
Σμύχω, brûle, altère *et* corrompt.
Σμώχω, mange; moque; bat; rompt.
Σοβεῖν, chasse, pousse; s'agite.
Σοβαρὸς, altier, qui va vite.
Σόος, sain et sauf *est rendu.*
Ἄσωτος, vicieux, perdu.
Σορὸς, cercueil, la bière *triste.*
Σοφὸς, sage, *d'où vient* sophiste.

CLXXX.

Σπάθη, spatule *à chirurgien.*
Σπαθᾷν, fait toile *et* perd son bien.
Σπαίρω, tremble, est ému, palpite.
Σπανὸς, rare, de prix, d'élite.
Σπαράσσω, déchire *en morceaux.*
Σπάργανον, langes *et* drapeaux.
Σπαργᾷν, être enflé, plein *veut dire.*
Σπᾷν, fait sortir, arrache, attire.
Σπεῖρα, cercle, entortillement.
Σπείρω, sème, éparpille, épand.

CLXXXI.

Σπένδω, fait pacte, *et* sacrifie.
Σπέος, caverne *signifie*.
Σπέρχω, pousse, excite, est pressant.
Σπίζειν, ouvre, élargit, épand.
Σπεύδω, se hâte, a promptitude.
Σπουδάζειν, a soin, met étude.
Σπίλος, *pour* tache *ou* roche *est pris*.
Σπινθὴρ, *pour* étincelle *est mis*.
Σπλάγχνον, entrailles, amour tendre.
Σπλὴν, la rate; *et* Σποδὸς, la cendre.

CLXXXII.

Σπόγγος, éponge, *l'eau contient*.
Στάζω, dégoutte, *et* goutte *en vient*.
Στάμνος, pot, vase, urne *doit faire*.
Σταυρὸς, poteau, croix *salutaire*.
Σταφὶς, raisin sec *et* hâlé.
Στάχυς, *marque* l'épi de blé.
Στέγω, couvre; contient; endure.
Στείϐω, foule; *et* στοιϐὴ, verdure.
Στείχω, va; marque ordre, élément.
Στέλεχος, tronc de l'arbre *on rend*.

CLXXXIII.

Στέλλειν, équipe, envoie, arrête.
Στέμβω, déshonore *et* maltraite.
Στενὸς, étroit; στένω, gémit.
Στέργειν, aime, embrasse *et* chérit.
Στερεὸς, solide, immobile.
Στερεῖν, prive; *et* στεῖρα, stérile.
Στέρνον, basse poitrine *est mis.*
Στῆθος, haute poitrine *est pris.*
Στέφω, ceint; orne; emplit; couronne.
Στήλη, pierre en vue, *ou* colonne.

CLXXXIV.

Στηρίζω, rend ferme *et* soutient.
Στίζω, pique; *et* stigmate *en vient.*
Στοὰ, portique. Στίλϐω, brille.
Στόμα, bouche. Στλεγγὶς, étrille.
Στόμαχος, l'estomac *se dit.*
Στορεῖν, à terre étend, fait lit.
Στοχάζομαι, vise *et* s'applique.
Στραγγὸς, tortu; pervers; oblique.
Στράγξ, goutte, *et* tout corps dégouttant.
Στρατὸς, troupes, armée *on rend.*

CLXXXV.

Στρέφω, tourne, fait fourberie.
Στρῆνος, délices *signifie*.
Στρογγύλος, rond, comme un rouleau.
Στρουθὸς, autruche, herbe *et* moineau.
Στυγεῖν, hait, a frayeur, abhorre.
Στύλος, colonne, *et* style *encore*.
Στύπη, l'étoupe, *ou* le tronc *fait*.
Στύραξ, gomme, arbre, *ou* pointe, *ou* trait.
Στύφειν, astreint; στυφλὸς, sévère.
Συκῆ, figuier, pin; mal, ulcère.

CLXXXVI.

Σύλη, dépouille; asile *fait*.
Σύρϐη, τύρϐη, bruit, trouble *met*.
Συρίζω, siffle *et* flûte *en maître*.
Σῦς, porc domestique *ou* champêtre.
Σύρω, nettoyer *et* traîner.
Σφαδάζω, s'aigrir, trépigner.
Σφάζω, tue, égorge victime.
Σφαῖρα, sphère, rond, balle *exprime*.
Σφάλλω, supplante, abat, séduit.
Σφάραγος, du gosier le bruit.

CLXXXVII.

Σφενδόνη, fronde *se doit rendre.*
Σφὴξ, guêpe; *et* Σφὴν, un coin à fendre.
Σφίγγω, serre; *et* σφὶγξ *en descend.*
Σφραγὶς, sceau. Σφοδρὸς, véhément.
Σφριγᾷν, est plein, de santé crève.
Σφύζω, tressaille, bat, s'élève.
Σφύρα, *pour* un marteau *se met.*
Σχᾷν, incise, transporte, omet.
Σχαστήριον, fer, *scarifie.*
Σχαλὶς, fourche à rets *signifie.*

CLXXXVIII.

Σχεδὸν, près; σχέδιον, billet.
Σχεδιάζω, sur-le-champ fait.
Σχέτλιος, méchant, misérable.
Σχίζω, fend; σχιστὸς, *est* fendable.
Σχοῖνος, jonc, mesure *et* longueur.
Σχολὴ, loisir, repos, lenteur.
Σχολάζω, s'amuse *ou* s'applique.
Σωλὴν, canal, tuyau *s'explique.*
Σῶμα, corps; εὐσώματος, gras.
Σωρὸς, monceau, *mis en un tas.*

CLXXXIX.

Ταῦ, trois cents *au nombre figure*.
Ταλᾷν, τλᾷν, ὀτλεῖν, souffre, endure.
Τάλαντον, balance *et* talent.
Ταμίας, qui garde, intendant.
Ταπεινὸς, humble *ou* méprisable.
Τάπης, tapis *pour murs, lits, tables*.
Ταράσσω, trouble, émeut, fait peur.
Τάρβος, peur. Τάρφος, épaisseur.
Τάριχος, mets salé *s'expose*.
Τάσσω, régit, ordonne, impose.

CXC.

Ταχὺς, vite; *et* Ταῦρος, taureau.
Τέγγω, teint, mouille, arrose d'eau.
Τείνω, tend, tâche, étend, *et* chante.
Τείρω, bat, afflige *et* tourmente.
Τεῖχος, muraille *et* rempart *prend*.
Τέκμαρ, fin, but, signe constant.
Τέλλω, faire sortir *veut dire*.
Ἀνατολὴ, Levant *s'en tire*.
Τέλος, fin, impôt, magistrat.
Τέμνω, coupe, fend, brise, abat.

CXCI.

Τένδω, mange, est gourmand *à table.*
Τέρας, prestige, monstre *et* fable.
Τερεῖν, perce; *et* τερηδὼν, ver.
Τορεύειν, pénètre *et* rend clair.
Τέρμα, fin, chose terminée.
Τέρπω, plaît, charme, attire, agrée.
Τέρσω, sèche; *et* ταρσὸς, claie *a.*
Τέσσαρες, quatre *on traduira.*
Τέττιξ, la cigale *s'explique.*
Τεύχω, travaille en bois, fabrique.

CXCII.

Τέφρα, de la cendre *se dit.*
Τέχνη, l'art; adresse d'esprit.
Τήκω, se sèche *et* liquéfie.
Τῆλε, loin, avant *signifie.*
Τηρεῖν, garde *et* met en prison.
Τητᾷν, prive; cherche à tâtons.
Τιθασσὸς, privé, doux *s'expose.*
Τίθημι, met, fait, *et* suppose.
Τίκτω, mettre au monde l'enfant,
Τόκος, usure; enfantement.

CXCIII.

Τίλλω, pique, mord ; rompt, divise.
Τινάσσω, branle, darde *et* brise.
Τίτανος, plâtre, chaux, enduit.
Τιτθὸς, la mamelle *on traduit.*
Τιτρᾷν, perce *en façon de crible.*
Τρανὸς, clair, disert *et* visible.
Τιτρώσκω, percer, blesser *dit.*
Τίω, paye, honore *et* punit.
Τοῖχος, mur ; τοιχοῦν, un mur faire.
Τόλμα, l'audace *téméraire.*

CXCIV.

Τόξον, arc ; τοξεύειν, tirer.
Τόπος, lieu ; τοπεῖν, se douter.
Τράγος, bouc ; une odeur puante.
Τράπεζα, table *représente.*
Τραυλὸς, bègue ; *et* Τράχηλος, cou.
Τραχὺς, *est* rude, âpre *et* non doux.
Τρεῖς, trois. Θρίον, feuille diverse.
Τρέπω, tourne, agite *et* renverse.
Τρόπος, les mœurs. Τρέφω, nourrir.
Τρέχω, *joint à* δρέμω, courir.

CXCV.

Τρέω, τρέμω, craint, s'épouvante.
Τρίϐω, brise, rompt, bat, tourmente.
Τρίζω, fait bruit, grince des dents.
Τρύγη, blé, vin, tout fruit des champs.
Τρύπα, trou. Τρύω, τρύχω, brise.
Τρυτάνη, *pour* balance *est mise.*
Τρώγω, mange *ou* ronge ; *et* τρὼξ, ver.
Τρώκτης, mangeur ; τρωκτὰ, dessert.
Τυγχάνειν, est ; obtient ; arrive.
Τύχη, fortune *s'en dérive.*

CXCVI.

Τύλος, cal, cheville *rendra.*
Τύμϐος, tombeau, bûcher *fera.*
Τύπτω, battre *et* frapper *t'exprime.*
Τύπος, la forme qui s'imprime.
Τύραννος, tyran, roi *jadis.*
Τυρὸς, *pour le* fromage *est mis.*
Τύφω, jette fumée, enflamme.
Τῦφος, fumée, orgueil de l'âme.
Τυφλὸς, aveugle *ou* sourd *se rend.*
Τωθάζω, mord, pique en raillant.

CXCVII.

Υ, quatre cents *au chiffre enserre.*
Ὕαλος, du cristal, du verre.
Ὕϐρις, injure *et* déshonneur.
Ὑγιὴς, sain ; dans la vigueur.
Ὑγρὸς, humide, coulant, moite.
Ὕδω, dit, chante ; ὕδης, poëte.
Ὕδωρ, eau ; l'hydre, hydrie *a fait.*
Ὕθλος, *pour* niaiserie *on met.*
Υἱὸς, fils, race *signifie.*
Ὑλᾶν, aboie, *ou* gronde, *ou* crie.

CXCVIII.

Ὕλη, matière ; bois ; forêt.
Ὑμὴν, peau ; l'hyménée *en naît.*
Ὕννος, poulain, bidet, mazette.
Ὕπαρ, vision claire et nette.
Ὑπὲρ, dessus ; ὕπατος, grand.
Ὕπνος, somme, assoupissement.
Ὕπτιος, sur le dos se pose.
Ὕστερος, le dernier *t'expose.*
Ὑφᾶν, tresser. Ὕψος, sommet.
Ὕω, pleut ; *les* Hyades *fait.*

CXCIX.

Φ, cinq cents *a pour son partage.*
Φαγεῖν, mange, *fait* l'œsophage.
Φαίνω, luit, éclaircit *l'obscur.*
Ἄφνω, soudain; ἀκραιφνὴς, pur.
Φαιὸς, brun, couleur sombre *et* grise.
Φακὸς, lentille *ou* cruche *est mise.*
Φάκελλος, fagot, paquet *prend.*
Φάλαγξ, *pour* phalange *s'entend.*
Φαλακρὸς, chauve *s'interprète.* [grette.
Φαλὸς, clair, beau, blanc; casque, ai-

CC.

Φάραγξ, précipice *ou* vallon.
Φαρκὶς, *de la* ride *est le nom.*
Φάρμακον, venin; drogue bonne.
Φᾶρος, robe *ou* voile *te donne.*
Φάρυγξ, gorge, âpre artère *on dit.*
Φαῦλος, vil, bas, méchant, petit.
Φάτνη, la crèche *signifie.*
Φάω, luit; dit; ôte la vie.
Φημὶ, parle; *et* φήμη, rumeur.
Φέβομαι, fuit, craint; φόβος, peur.

CCI.

Φέγγος, jour, splendeur *qui rayonne.*
Φείδομαι, s'abstient *et* pardonne.
Φελλὸς, liége, écorce *l'on rend.*
Φέναξ, fourbe, imposteur, méchant.
Φένω, πέφνω, tue *et* saccage.
Φερνὴ, la dot, le mariage.
Φέρϐω, nourrit, entretient, paît.
Φεύγω, s'esquive *et* disparaît.
Φέρω, porte, obtient, paye, enfante.
Φέρτερος, plus fort *représente.*

CCII.

Φέψαλος, étincelle, ardeur.
Φηγὸς, hêtre. Φῆλος, trompeur.
Φθάνω, prévient; obtient; arrive.
Φθέγγω, parle, *et* son *s'en dérive.*
Φθίω, sèche, mange, corrompt.
Φθόνος, l'envie *au pâle front.*
Φιάλη, verre *ou* pot d'argile.
Φιλὶς, flûte *ou* canne *fragile.*
Φίλος, ami; φιλεῖν, aimer.
Φιλύρα, tilleul *doit marquer.*

CCIII.

Φιμὸς, bride, frein, muselière.
Φλάζω, bredouille; est en colère.
Φλάω, rompt, brise, en morceaux met.
Φλέγω, brûle; et φλὸξ, flamme *fait.*
Φλὲψ, veine, *a fait* phlébotomie.
Φλέω, φλύω, dit niaiserie.
Φλιδᾷν, se ride, *et* se pourrit.
Φλοιὸς, écorce *en l'arbre est dit.*
Φλοῖσϐος, son de l'onde bruyante.
Φοῖϐος, pur, clair; Phébus *enfante.*

CCIV.

Φοῖνιξ, palmier, rouge couleur.
Φοιτᾷν, va, voit son précepteur.
Φολὶς, peau; bigarrure; écaille.
Φόλλις, soufflet; sac, bourse; maille.
Φόρμιγξ, harpe, *charme souci.*
Φορμὸς, panier *et* natte *aussi.*
Φόρτος, poids, charge, ennui *figure.*
Φορύσσω, pétrit, fait souillure.
Φράζω, parle, énonce, éclaircit.
Φράσσω, ferme, enceint *et* munit.

CCV.

Φρατρία, tribu; l'assemblée.
Φρέαρ, puits, fosse *en bas creusée.*
Φρὴν, esprit; σώφρων, doux, prudent.
Φρονεῖν, goûte, a tel sentiment.
Φρὶξ, le bruit des flots *qui résonne.*
Φρίσσειν, a frayeur *et* frissonne.
Φροντὶς, pensée *et* soin *se dit.*
Φρυάσσω, s'élève *et* frémit.
Φρύγω, frit, rôtit *et* fricasse.
Φῦκος, fard *à peindre la face.*

CCVI.

Φυλάσσω, garde, observe *et* fuit.
Φυλὴ, tribu, race *on traduit.*
Φύλλον, une feuille *s'expose.*
Φύρω, mêle, pétrit, arrose.
Φυσᾷν, souffle *et* remplit de vent.
Φωλεὺς, caverne, antre *on rend.*
Φύειν, produire, engendrer, naître.
Φύσις, naissance, nature, être.
Φωνὴ, voix, langue, bruit, rumeur.
Φὼρ, *fur,* mouche; espion; voleur.

CCVII.

X, six cents *en nombre doit rendre.*
Χάζω, céder ; priver ; comprendre.
Χαίνω, s'entr'ouvre ; a grand désir.
Χαίρω, χαῖρε, se réjouir.
Χαίτη, crin de cheval *s'appelle.*
Χάλαζα, grêle, *aux champs mortelle.*
Χαλᾷν, descend ; lâche ; amollit.
Χαλέπτω, perd ; rompt ; fâche *et* nuit.
Χαλινὸς, frein. Χάλιξ, la pierre.
Χαλκὸς, airain. Χαμαὶ, par terre.

CCVIII.

Χαράσσω, marque en imprimant.
Χάρις, grâce, amour, agrément.
Χατεῖν, manque, est dans l'indigence.
Χαῦνος, lâche *et* plein d'arrogance.
Χεῖλος, *pour* la lèvre *s'entend.*
Χεῖμα, l'hiver, tempête *on rend.*
Χεὶρ, main, le chirurgien *s'en tire*
Χερνὴς, *est* pauvre ; *et* χείρων, pire.
Χελιδὼν, hirondelle *aura.*
Χέλυς, tortue *ou* luth *fera*

CCIX.

Χέρσος, désert, inculte terre.
Χέω, fond, répand; tient; enterre.
Χηλὴ, pince, ongle, sourcil, dent.
Χὴν, une oie; *et* Χῆρος, veuf *prend.*
Χθὲς, hier. Χθὼν, terre *figure.*
Χιλὸς, fourrage *et* nourriture.
Χίλιοι, mille *au nombre fait.*
Χιὼν, *pour* la neige *se met.*
Χιτὼν, tunique intérieure.
Χλαῖνα, la robe extérieure.

CCX.

Χλεύη, ris; χλευάζω, se rit.
Χλιαίνω, rendre tiède *on dit.*
Χλίω, χλιδᾷν, au luxe attire.
Χλόη, l'herbe verte *veut dire.*
Χναύω, poil arrache; est friand.
Χοῖρος, pourceau *sale et gourmand.*
Χολὴ, bile, fiel; dégoût; ire.
Χορδὴ, corde; intestin *veut dire.*
Χόνδρος, grain; cartilage *aura.*
Χόρτος, foin, herbe *exprimera.*

CCXI.

Χορὸς, chœur, danseurs, danse *encore*.
Χρᾷν, prête; prédit; perd; colore.
Χρηστὸς, bon; ἀπόχρη, suffit.
Χρεία, besoin; l'usage *on dit*.
Χρέος, dette *et* mort *nécessaire*.
Χρῆμα, biens; chose; oracle; affaire.
Χρεμετίζειν, hennir, crier.
Χρέμπτομαι, tousser *et* cracher.
Χρίμπτω, fait approcher, arrive.
Χρίω, frotte, oint; Christ *s'en dérive*.

CCXII.

Χρόα, couleur; χρὼς, χρωτὸς, chair.
Χρόνος, temps; χρονίζω, durer.
Χρυσὸς, l'or *tant prisé veut dire*.
Χυλὸς, chyle, humeur, suc *qu'on tire*.
Χύτρος, marmite *et* pot *on rend*.
Χωλὸς, boiteux, qui va clochant.
Χωρεῖν, va; comprend; cède; enserre.
Χωρὶς, sans; χωρὶς γῆς, sans terre.
Χῶρος, χώρα, lieu, pays, champ.
Χωρίτης, *est un* paysan.

CCXIII.

Ψ, sept cents. Ψακὰς, la rosée.
Ψαθυρὸς, chose à rompre aisée.
Ψάλιον, frein *et* bracelet.
Ψαλὶς, pinces, ciseaux *se met.*
Ψάλλω, touche un luth, psalmodie.
Ψάμμος, du sable *signifie.*
Ψᾷν, racle, essuie, approche, unit.
Ψέγω, blâmer, reprendre *on dit.*
Ψελλὸς, bègue *ou* brouillon *s'expose.*
Ψεύδω, feint, trompe, attrape, impose.

CCXIV.

Ψέφος, ténèbres, temps peu clair.
Ψηνὸς *est* chauve. Ψὴν, un ver.
Ψῆφος, petite pierre *donne.*
Ψηφίζω, compte, arrête, ordonne.
Ψιὰ, jeu. Ψιὰς, goutte *on rend.*
Ψίθυρος, son, *ou* médisant.
Ψίαθος, natte de jonc faite.
Ψιλὸς, mince, âpre, nu. Ψὶξ, miette.
Ψίμμυθος, fard. Ψόφος, son, bruit.
Ψόλος, la fumée *on traduit.*

CCXV.

Ψιττάκη, perroquet *s'explique.*
Ψύλλα, puce *qui saute et pique.*
Ψυχὴ, l'âme, esprit, l'homme entier.
Ψυχικὸς, animal; grossier.
Ψύχω, rafraîchit, sèche *et* vente.
Ψῶα, l'odeur forte *et* puante.
Ψωμὸς, bouchée *exprimera.*
Ψωμίζω, repaître *fera.*
Ψώρα, la gale *signifie.*
Ψώχω, met en morceaux, émie.

CCXVI.

Ω *fait* huit cents. Ὠθεῖν, pousser.
Ὠκὺς, vite, actif, prompt, léger.
Ὠλένη, coude, aune, *mesure.*
Ὠμὸς, cru, cruel, âme dure.
Ὦμος (*circonflexe*), épaule *a.*
Ὠνέομαι, t'achètera.
Ὦον, haute chambre *et* demeure.
Ὠὸν, œuf. Ὥρα, temps, âge, heure.
Ὤρα, soin. Ὠρύειν, hurler.
Ὠχρὸς, pâle. Ὠφελεῖν, aider.

www.ingramcontent.com/pod-product-compliance
Ingram Content Group UK Ltd.
Pitfield, Milton Keynes, MK11 3LW, UK
UKHW012048240726
13965UKWH00003B/1142